中野良平
Nakano Ryouhei
Practical Psychotherapy

実践的心理療法

人間存在分析の技法

論創社

まえがき

　精神科医という立場から，〈人間とは何か？〉という私の関心は，「人間は，どのような原因によって神経症になるのか？」という問題へと結びつく．
　これまで神経症の研究及び治療に関してもっとも自分に適した方法を模索してきたが，その結果"精神分析"こそが，一番適切な方法であることがわかった．
　精神分析は「人間の心を研究する方法」であり，同時に「治療する技術」でもある．この精神分析は，私自身の人間に対する探求心を満たすとともに，治療・分析を行うことも可能にし，〈人間とは何か？〉を探るための契機となった．
　精神分析における治癒とは，「心因」を明らかにすることで，心因性疾患である神経症は治るとされている．古典的・標準的精神分析でいう「心因」とは，過去の「抑圧されて無意識となっている幼児期体験」，すなわち閉鎖システムの心内（intra-psychic）葛藤である．
　私は，精神分析の理論や技法の基本的態度を守ることなどの有用な部分は活用したが，第一の目標としたのは，一般の精神分析で行われる幼児期体験の「心因（素因）」を明らかにすることではなく，神経症が発症する直接の原因となっている「誘因」状況を分析・解明することである．
　患者／クライアントが神経症に陥った現在の人間ドラマを探ることに関心をもったのである．それは，開放システムの対人関係の葛藤を見出すことができ，精神分析を基盤としながらも，精神分析のいう「心因（素因）」ではなく，「誘因状況を分析」することである．したがって，私の分析は，「精神分析」（Psycho-Analysis）というよりもむしろ，"人間存在分析"（Human being-Analysis）といったほうが適当である．

そして「誘因」を分析・解明していくと，その状況は，精神分析の「心因（素因）」に対応した内容であることが明らかになった．つまり，「心因（素因）」に対応する内容の心理的負荷が加わらなければ，あるいは「心因（素因）」に対応しない内容の心理的負荷が加わっても，人間は神経症にはならないのである．

人間存在分析を進めていくと「心因（素因）」までも明らかになることが多く，「何が，どうなって，発症したのか？」という単純な問いを深めていけば，「心因（素因）」までをも明らかにすることができるのである．

精神分析においては，元の神経症（Original Neurosis）を転移神経症（Transference Neurosis）という状態にもっていき転移解釈を介して，「心因（素因）」つまり「抑圧されて無意識となっている幼児期体験」を意識化して明らかにする，という複雑で難しい手順が必要となる．

標準的精神分析で治癒に至らしめるまでには，治療回数は週に3回から5回で，期間は3年から5年を要するのが普通である．しかし，人間存在分析で治療すれば，週に1回で，期間は半年から2年で治癒することができるのである．

人間存在分析が有効な理由の一つとして，その自由連想法の方法が標準的精神分析と異なっていることである．それは，教育分析とスーパーヴィジョンを7年間にわたって受けた，私の分析の師匠，故山村道雄先生直伝の方法で，トータル60分の分析時間中，最初の40分を患者は自由連想に費やす．その間分析者は，何も言わず沈黙し，もっぱら患者の語ることに傾聴する．あとの20分間は対面で，自由連想中に浮かんできたことを資料にし，患者と分析者がともに要点を確認し分析する共同作業を行う．普通一般の自由連想法のように患者が，終始寝椅子に寝たままの姿勢で自由連想を行い，適宜，分析者が介入するという方法よりも，カタルシスが起こりやすく，より焦点がはっきりして自己認識・自己洞察が得られやすいのである．

人間存在分析の実際は，本文のなかで詳しく紹介するが，何よりも使用した症例のプライバシーを侵さないことに気を配った．幸い，精神病理の書で

はなく，技法書なので技法を伝えるのに支障のない範囲で各種事項に関しては，わかりやすくなるよう手を加えた．

　本書が読者諸氏の人間存在分析あるいは精神分析的精神療法をされるときの参考書となれば幸いである．なお，人間存在分析は，ただ単に神経症の治療のみでなく，様々なケースにおける人間の問題を「何が，一体どうして，そうなっているのか？」と分析・解明して解決に導くのに役立っている．

著　者

実践的心理療法・目次

まえがき ……………………………………………………………… 3

I　強迫神経症 …………………………………………………… 9

第1章　症例の概略 …………………………………………… 11
(1)主訴と現病歴　11
(2)生育のあらまし　11

第2章　分析過程 ……………………………………………… 13
(1)全体の概観　13
(2)分析の経過——分析技法の実際　13

第3章　分析技法 ……………………………………………… 85
(1)人間存在分析の基礎的方法論概説　85
(2)分析過程における技法の逐次的解説　87

第4章　発症の心因と素因 …………………………………… 114
患者の性格について　116

第5章　症状形成の心的機制 ………………………………… 118

II　不安ヒステリー ……………………………………………… 121

第6章　症例の概略 …………………………………………… 123
(1)主訴と現病歴　123
(2)生育のあらまし　124

第7章　分析過程 ……………………………………………… 125
(1)全体の概観　125
(2)分析の経過——分析技法の実際　126

第8章　分析技法 ……………………………………………… 161

(1)分析技法の基本の概説　161
　　(2)分析過程の逐次的解説　173
　第9章　発症の心因と素因 …………………………………… 200
　　患者の性格について　202
　　本患者の恋愛・結婚・夫婦生活　205
　第10章　症状形成の心的機制 ………………………………… 209
　　不安ヒステリーの症状形成機制　210

Ⅲ　人間存在分析のスーパーヴィジョン　――逆転移の問題―― ……… 215

　はじめに ……………………………………………………………… 217
　第11章　症例Cの場合 ……………………………………… 218
　第12章　症例Dの場合 ……………………………………… 226
　第13章　症例Eの場合 ……………………………………… 237

　あとがき …………………………………………………………… 253

I 強迫神経症

第1章 症例の概略 —————————— 11
 (1)主訴と現病歴 —————————— 11
 (2)生育のあらまし —————————— 11

第2章 分析過程 —————————— 13
 (1)全体の概観 —————————— 13
 (2)分析の経過――分析技法の実際 —————————— 13

第3章 分析技法 —————————— 85
 (1)人間存在分析の基礎的方法論概説 —————————— 85
 (2)分析過程における技法の逐次的解説 —————————— 87

第4章 発症の心因と素因 —————————— 114
 患者の性格について —————————— 116

第5章 症状形成の心的機制 —————————— 118

第1章　症例の概略

　ケースA　20歳代　主婦

(1)主訴と現病歴

「言葉，歌などが頭に浮かんで困る」
　夫との縁談が始まった頃から夫を嘲笑するような言葉が浮かぶようになった．結婚後4ケ月して強迫神経症の診断にて心理療法を受けるようになった．いろいろな事情で分析者が4人変わり筆者は5人目である．
　なお，小学校の頃から「神様は馬鹿」と浮かんだり，「空はどこまで続いているのか？」と考える，などの強迫症状が認められている．
　中学の頃は，寝ている人を見ると「殺せ」，父親のことが浮かぶと「馬鹿」という言葉が浮かんでいた．
　高校の頃は全体に調子は良かったとのことである．
　しかし，その後また，さまざまな言葉が浮かぶようになっていた．例えば，「醜男」「でぶ女」「ばか男」「3000円の男」「2000円の女」，自分に対して「分かっているくせに聞くな，ばか女」「そうですねと言え，ばか女」．その他，性的な言葉，特に男性の性器に関する言葉が浮かんだりした．「トリニトロン，デオキシリボ核酸」などといった複雑な言葉を思い浮かべて強迫的言葉が浮かぶのを防ぐよう試みたりしていた．

(2)生育のあらまし

　父親は無口，独断的，どこか子供っぽい所がある．母親は感情的，活動的，

年齢に比して若くみえる．同胞4人（兄一人，姉二人）の末っ子．

　幼少期より神経質で「唾が飲み込めなくなったらどうしよう!?」とか5歳頃，チョコレートを食べてカーッとなった感じがして「気違いになったらどうしよう！」と不安がったりしていた．

　小学校の頃は，勉強は言われなくてもするお利口さんであった．5～6年生頃は前記のような強迫症状が現れている．

　中学校の頃も強迫現象は続いており，また，友人関係で悩んだり，食欲をなくしたり，身体的不調もあった．しかし，何事も他人と同じではダメ！　とミッションスクールに進学．

　高校の頃は比較的順調．高卒で就職，周囲の人や上司に認めてもらおうと背伸びして一生懸命に働いた．

　しかし，何年か経って仕事が多忙となり神経もすりへっていたので仕事を辞めたいとおもっていた．そこで，見合い話を幸いと仕事を辞めて結婚した．結婚は仕事からの一つの逃避であったが，結婚してしまうと専業主婦では飽き足らなくなってきたとのことである．

　つまり，ただの主婦であってはならない，平凡な生活は嫌，もっと変化に富んだ輝かしい人生があるはずだと思っている．主婦業が苦手で自信がなく逃げ出したいところがあると気付き始めている．

第2章　分析過程

(1)全体の概観

　筆者の所に来るまでに4人のセラピストに心理療法を受けているが，それらすべてを合わせると約5年半になる．

　その間，あまり症状は軽減しなかったようである．患者の話す所によると約2割位は軽くなった時期もあったようである．

　筆者の治療は，患者が夫の転勤のため治療にこれなくなるまでの約1年間，回数にして41回であった．初めから終わりまで対面による精神分析的精神療法（人間存在分析）をおこなった．症状はほぼ消褪し，日常生活での何となしの不満感もなくなったとのことであった．

(2)分析の経過——分析技法の実際

　初診とその次の回は一般外来で「主訴」「現病歴」「家族歴」「生活歴」などを聞いている．前の分析者からの紹介状を持参していたので，これまでの治療のあらましは分かった．かなり問題点も話題になっているようであるが，それが充分なカタルシス，自己認識，自己洞察となっていないようで，そのため症状があまり軽減しなかったのであろうと思われた．

　なお，診断は，これまでの分析者も強迫神経症と診断しているように，病識はあり，現実検討機能もおかされておらず，社会的規範を逸脱することもなく筆者も，強迫神経症と診断して治療を始めた．

　つまり，症状は主観的強迫現象で，それが自己に属していることはわかっている．しかし，抑止しようとしてもできない．その内容は一応，不合理無

意味と分かっていると言えるが，この症例では，その内容は精神分析的にみれば，その一つか二つ手前に抑圧されているものが推測できるようなものである．より典型的な強迫神経症でみられるような"Verschiebung auf ein Kleinstes"（些小なるものへの移動）という点においては移動が少ないといえよう．それは本患者の性格が強迫的要素のほかにヒステリー的要素がかなり認められるので強迫傾向に拮抗していると考えられる．

この症例では，すでに，これまでの4人の分析者も分析的に治療してきているので，分析療法に関しては特別に説明はしていない．

ただし，そうはいっても，これまでに受けた精神分析的心理療法への抵抗感もあり，これまでの精神分析的心理療法もあまりうまく進展していないようであり，したがって，患者も治療法が分かったようで，充分にのみこめていない所もあるようであった．

そこで，随時，治療中に私の精神分析的精神療法（人間存在分析）の説明を行っている．

初診と2回目の外来診察で一般的な診察は終わって，あらためて週1回，1時間の人間存在分析療法の約束をして分析を始めた．

《患者の語っている所は「　」，筆者の話している所は〈　〉．ただし，プライバシーを侵さない範囲で記述している》

〔第1回〕
「8月1日に毎年，実家に帰ることにしているけど，それが近づくと少し軽くなる．何か変わった事があると症状は少しへります．稽古事でもしようかと思うけど，今，腰をあげる気しない」——略——

〈小学校の頃は？〉「神様はバカというコトバが浮かんでいたことがありました」

〈中学の頃は？〉「寝ている人を見ると，"殺せ"とか，"お父さんのバカ"とか浮かんでいました」

〈高校は？〉「あまりこれといって無かった」

〈勤めだしてからは？〉「仕事に夢中で，先輩の人が上司に可愛がられていたので，私も，と背伸びばかりしていたよう」「仕事が忙しくてイヤになって逃れたくなっていたのと，結婚に憧れて結婚した」「見合いして，その後，初めて交際をして会う前になると胸がムカムカして食事が喉を通らなくなった．今度も，男の先生になるというので前の日に，そうなってきた」〈男の人となると？〉「19歳の頃，恋愛して交際した事あったけど，そんなことはなかった」——略——

「もう話すことはありません」

〔第2回〕

「今日はムカムカするのは減りました．安心したので」

〈そうですね，話してしまうと，そうならなくなりますね〉

「何か私，男の先生だと1対1で話しするの物凄く抵抗がある．同じ部屋の中で話したりするの途中で逃げ出さないかと．でもそんな事なかった」

〈自分の気持ちの中であれこれ一人で悩んでいないで話してしまうと，どうもなくなる．これが，この治療法の効果の現れ方ですよ．何がどうなってノイローゼになったのか症状が起こるのかみてゆきましょうということです〉「これまでの治療はどうなるんですか？」

〈これまでの治療で分かった事は，これまでの分析者から手紙とか報告という形できいています〉

「繰り返し話さなくてもいいんですか？」〈そうですね．前回，あなたは，もうこれ以上，話すことはないと言われたが，そういう意味では話題は出てしまった．"総論"は終わったという所でしょうね．そこで，これから"各論的"にみてゆきましょうということです〉

「そんなに長く？」〈問題点について，何故そうなるのかについて掘り下げる所までいっていない．何故，症状が起きるのか，起きるようになったのか解明していきましょうということです〉

「渾名が浮かぶのが中心と思う」〈そうですね〉

「歌なんかで消そう紛らそうとするのに，どうして渾名になっていくのか，話して行ったらいいんではないかなあ」〈そうですね．ところで，その時の気持ちは，これまでの先生には話してないの？〉

「B先生には話してた．O先生は，それ以上に意識していない所があるのではないか，と言われた」〈そうですね．渾名が浮かぶ時に，どのような感情が働いているのかということを，もっと，はっきりさせないと……〉

「一番根っこの部分を？」〈そうですね．すでに問題点には総論的には触れているんでしょうけど，そこを掘り下げてみないと原因は分からない〉「私できないです．うまく」〈それはあなたが話して私が聞いていくというように二人でやっていくのですよ〉

「だけど，私が話さないとダメなんでしょう？」〈そう，その話すのがあまり話したくない，しんどいというところがありますね．しかし，かなり話は出ている．何かしようとしていると症状がなくなるとか．嫌いな人だと渾名が出てくるとか〉

「高く置いておきたい人です」〈その人にも長所も短所もあるだろうのに，とにかく高く置いておきたいと自分の気持ちに強制するんですね．高く置ききれない気持ちが抑えられてしまって，それで渾名とか，その人を嘲笑する言葉が浮かんでくるのかもしれませんね〉

「そこまで分かっているのに，どうして治らないんですか？」

〈それが総論的には分かっているが，そこで何故，高く置いておきたいのかとか，高く置ききれない気持ちがあるのではないかとか，そこらをみていない．そこをみていくのが各論です．現在だけではなく，過去からみて，自分はどうなって，こうなってきたのか想い起こしてみましょうということです〉

「すぐに壁にぶつかるんです．あとの気持ちを考えようとしても浮かばない」〈どんな壁にぶつかるのか，その壁とは何なのか？　みてゆきましょうということです〉

「治らないで，匙を投げられないかと……」〈匙を投げられないかという不安が？〉「はい，私は治りにくいたちではないかと……．こんがらがって……」〈何がどうこんがらがっているのか？　どんなたちなのかみてゆきましょうということですよ〉

「私が聞きたい事があったらどうするんですか？」〈聞いてもいいですよ．しかし，自分の中の気持ちがどうなっているのかを見ていくのが治療ですから，あまり聞くことは関係ないでしょうね〉

「私は，いつも聞くんです」〈質問に時間をとられると，その分，治療の時間が減るわね．今までの分析者はあなたの質問攻めにあったのですかね？〉
——肯定的な微笑——

「私を治す自信ありますか？」〈あなたがどうなっているのか，二人で分析・解明してゆけば治っていくということですよ〉

〔第3回〕
　患者がお盆で実家に帰っていたので1ヶ月ぶり．

〈どうですか？〉「実家にいたら楽しいからね，浮かぶ事が少ない．こちらへ来たら楽しい事ないから，つい病気の事を考えるでしょう？」

〈こちらの生活が楽しくないというのは，どういう所が？〉「台所の仕事あまり好きでないんだけど，こちらへ帰ると全部しないといけないでしょう？　それに毎日が平坦な同じ事の繰り返しで．全然，楽しい事がない」〈主人が帰ってきても楽しい事ない？〉

「そりゃ楽しくない事はないけど，親とかとの方が段違いですよ．女兄弟だし．男の兄弟とは全然楽しくない．べちゃくちゃ喋れないでしょう？　男と女と興味もつ事が違うでしょう」

「今の生活のこと言ってみても何も出てこない」

〈結婚するまでの事が関係していると？〉「今の主人と身近になってというより，主人との話が出だした頃からというか……」

〈症状が始まりだした辺りから見ていきましょうと．それがよさそうね〉「だけど話しする事が一杯あるから．ある所までは，いつも話は行くんですよ」

〈それ以上は行かない？　どうして渾名が出てくるかという事が解明できない？〉「そうなんです」

〈この人は上に置いておこうと思う人だと渾名が出てくると言ってましたね．そこに，何故，渾名が浮かんでくるのかという事を解く鍵の一つがあると言えるね〉「B先生とは，その人の事を悪く思わないでと思うと出てくる，という所まではいったんだけど……」

〈そこら辺りからが，どうなっているのかという事がつかめてない，と〉「そう，そこら辺が大きいと思う．鍵があると思う」

〔第4回〕

〈症状の始まりの所から見て行きましょう，ということでしたね〉

「そんな，前もって話す事を決めておくと，また，途中までになってしまう」〈そんな事ないですよ．どこから始めてもいいですけどね．症状の始まった所に何か原因があるわけでしょう？〉

〈原因といえば，男の先生になると思うとムカムカしてきたと言っていましたね．ムカムカする原因は男性に会うという事にあるというふうに分かりましたね〉

〈ところで，今，私が言おうとした事は，そういう時にムカムカするんだと話して分かると，次の時は，あまりムカムカしなくなったと．つまり，神経症の原因になっている事柄が少しずつ分かってくると，少しずつ症状も軽くなって行くということです．だから，お話しを進めて分析していきましょう，ということです〉

「そう言われると，なんだか怖いような，見たくない」

〈あなた自身の中に，それ以上みたくないという気持ちがあるんですね〉

「それから先，大したことないような気がする」

〈大した事か小さな事か分からないけど，何かあるから治らないわけでしょう？〉「うーん」

「小さな事だったら大して治らないし……」

〈大きな事であろうが小さな事であろうが，何がどこで，どうなっているのか，分析して明らかにして行きましょうということですね．それを進めて行かないと治らない．今までの治療では，そこまで進まなかったから治っていない〉

〈しかし，いざ探って行こうとすると怖い！　となる〉

「やっぱり女の先生でないと言いにくい．男の先生だと……」

〈しかし，そこに引っ掛かるという所が問題でしょう？　あなたの男性コンプレックスがあるのかも．第一，結婚話が出始めた頃から症状が起こってきたというしね．結婚というのは男と女が一緒になる事でしょう？　そこに関係しているかもね〉

〈思い切って話すのが患者さんが努力するところでしょう？〉

「ちょっと，多くなったような気がする．今までだったらちょっと濡れる程度だったのに，こっちへ帰ってくると増えて」

〈実家へ帰ると症状の方も夜尿も減ると〉「その話もしないと……」

〈言葉が浮かぶのも，夜尿もノイローゼの症状だから，このやり方でいいんですよ〉

「呼吸したり，まばたきする時に気になったりする事ある．物凄く意識的になる．何故こんなになるの？」

〈だから分析して行きましょう，ということ〉「治るためだったら何でもします」

〈では，見て行きましょう！〉「男の人がどうのこうのというの，何でもないような関係の人だと，どうもない．特別の関係とか秘密めいた関係となってくると，おかしくなる」

〈なるほど，結婚するのも特別な関係だし，こうして治療するのも特別な関係ですね〉「こうやって1対1になると抵抗を感じる．会社などでは男の人

と平気で喋ってね」

〈一般的だと，どうもない．特別な関係になると……〉「避けたくなる感じになってくる．顔もまともに見られなくなるような感じになってくる．まして，その人に完全でない所があると，そこが気になって，すぐそういう所を見たくなる」

〈ご主人の場合はどう？〉「声が高くて早口なのね．口が大きくて．会っている間に，何かこう……」——笑い——

〈そこが言いにくい？〉「男の人って，何かこう．やっぱり言いにくい」〈身体的接触とか？〉「違う，そう，鼻毛が出るの」

〈いろいろと嫌いな所が見えてきた？〉「それも渾名になって出るの」

〈なるほど！〉「結婚する前になると余計にひどくなってきた」

〈性的な言葉？〉「うん」〈悪口を性的な言葉で言う？〉「そう」

〈ご主人の特徴の嫌いな所？〉「それを押さえよう押さえようとしてた」〈お母さんにもお姉さんにも言わずに，自分一人で言ってはいけないと押さえよう押さえようとしてた？〉「うん，開けっ広げに他の人に言えていたら，こんなにならなかったかもしれない」

〈この人は上に置いておきたい，悪口を言うまい，批判をしないで，と押さえていると言葉が浮かんでしまう〉

「思いたくない，思ってはいけない，と……」

〈こういうふうに次々と見て行きましょう，と進めて行くのが治療です〉「先生は面白がっているみたい．漫画の本でも読んでいるみたい」

〈面白がられているみたい？〉「でも，別に悪い感じではないけどね」

——略——

「主人の前任地に居た時，隣の人，ローンで家を買って苦しそうで，その人を見ると，その人の会社の名が浮かんでました．その人はパリッとしてハンサムな人だったんだけどね．その奥さんが，主人は魚が好きで骨までしゃぶると話されて．それ以後，その人をみると骨が浮かんできて」

「人の舞台裏っていうかね．見たくない」

〈そうあって欲しくない！　とね〉

「主人に，お父さん鼻毛出ているから切りなさい，と言えるようになったら，浮かばなくなった」

〈1時間話していると，最初は大分，抵抗していたけど，段々と話せるようになってきて，何がどうなっていたのか大分わかってきたね〉

「──笑い──」

〔第5回〕

「言葉が浮かぶのが少し減ってきた．歌の方はまだ同じ」

「渾名の浮かぶ人はどんな人か大分わかってきた」

〈どんな人？〉「隔たりのある人，年上とか，何か言うとやり返されるような人とか．ものがはっきり言えない」

〈何かあるけど気安くものが言えない，押さえている．そうすると言葉が浮かぶとなっているね〉「どっかで遠慮したりの人にはね」

「蓋を開けて見るのが……．開けると，探しだしたら，あれもこれもと出てきて，手におえなくなるんではないかと思う」

〈蓋を開けて見てみましょうというやり方ですからね．何が引っ掛かっているか見てみましょうという〉「投げ出すかも」

〈投げ出して，その後は？〉「分からない．死ぬかも」

〈死のうと？〉「何回もある，ひどい時には．けど勇気なくて……」

〈死ぬ気になれば，やれる，となるね〉「整理がつかなくて……」

〈もうしんどいと，へたり込んでしまうんですね．それでは治療は進まなくなってしまうわね〉「そうですね……」

〈この一週間，少し症状が減ったと．その調子で一つ一つ整理して見ていけば軽くなっていくということでしょう？〉「そこら辺までできて，言うことなくなっちゃう．思い付かなくなるんですよ」

〈そしたら今までの治療では，どうしてたの？〉「何か聞いたり……」

〈なるほど，そうして分析が進まないようにしていたんですね〉

〈何故いつも,そこで止まるのか,ウロウロしている所を分析しましょう.それをするのが分析者の役割で……〉

「もう,そろそろ言ってみようかなとも思っていますよ」

〈言ってない所がある?〉「そんなふうに思っちゃ悪い,思いたくないと思うと渾名となって浮かぶ.そこまでは分かる.それが,どういう人というのも分かってきたんだけどね」「そんな事を言ったら可哀想という気持ちが人一倍強いからでないかなあ」

〈可哀想? あなたが見ることが?〉「そこの部分は隠しておきましょうと」〈けど見えてしまうし.自分から見て,見たくない事は覆っておきましょうと?〉「気の毒だから.お父さんに対しても.お母さんが,お父さんが気の毒になるような事を言う.私それを聞くと胸がキューッと.そんな事,言わなくてもいいやないの,と.普通の人なら,さらっと聞き流せるのでしょうけど.お父さんの身体の事でも,女の先生には言えるけど……」

〈男の先生には言いにくい?〉「セックスの面でうまくいかない……」

〈舞台裏を真っ正面から見るに堪えない?〉「それが問題なのよ.見たくないのよ」「お母さんが,いつも人の事を悪く言うのを聞いて,お母さんだって,そんな所あるじゃないの! だから言いなさんな,と.そういう母が大嫌い.私の前で誰の悪口も言ってもらいたくない」

〈あなたの場合,そんな事を言われると神経に触る.舞台裏を見るのは嫌い.過敏なわけ.見たくないと.可哀想とかね.見ないで蓋をしておくと,かえって浮かんでくる〉

「姉なんかは,サラッと聞いているみたい」

〈あなたは言ってはいけないと押さえる〉

「何故,私は,そういう所に引っ掛かるの?」〈そこを見ていかないと〉

〔第6回〕

「お母さんがお婆さんの悪口いうのがイヤで.お婆さんが可哀想で.お婆さんは,はっきりものを言うし,人から嫌われる性格だけど.私の事よく可

愛がってくれたし，一番に気にいってくれてた」

「お父さんは好き嫌いの激しい人．いつもお母さんにブスッとしている．外では愛想いいし，よく喋るらしい．お婆さんには口もきかない．子供にはいい．特に私にはよかった」

「うちの家族は皆で和気あいあいということがない」

「母がいつも父の事でぐたぐた言うので，父が可哀想で．そんな事を言わないで，と言う」

〈確かに，そんな所があっても，言わないで，見ないで，と〉

「もっと，生易しくない事があると思う」

〈そうですね．もっと，内側を見てゆきましょう，と〉

〈ところで，あなたは，何か自分の特徴を指摘されると食ってかかるけど，今までの分析者に対してもそうでしたか？〉

「そう．心理学的定規で測られるとイヤ．先生が結びつけるとイヤ．私が失礼な事を言うと怒るでしょう．何を言っても怒らないと言っておきながら．先生は，その事について何も言われなかったけど，言ってもいいんでしょう？ 女の先生より男の先生の方が言いやすい．女の先生は感情的になるから．先生も，いまさっき言った事で，少し気を悪くというか怒られてないかと思った」

〈これまでの先生が怒ったりしてたもので，私も怒ったのではないかと気になったんですね．精神分析の標準的なやり方は自由連想法といって，頭に浮かんできた事は何でも言わなければならない，というやり方でやるのですから，当然，何を言ってもいいわけですよ．むしろ，なんでも思った事は言わなければ分析にならないわけです〉

〔第7回〕

「主人が，私が病気だとかいうと怒るのね．機嫌わるいの．弱音を吐くと突っぱねる」

〈心配してくれない？〉「そうかそうかと慰めの言葉ひとつかけてくれない．

私に強くあって欲しいわけ」
　〈あなた，精神的に弱いわけ？〉「うん」
　「私が頼りたいな，優しい言葉のひとつも欲しいなと思っていると，突っぱねるから……．自分が丈夫で風邪もあまり引かずにやっているから人の事があまり分からないんやないかな．自分の片腕としてしっかりやって欲しいんやないかな」
　「頭のいい女で自分の助けになる人を求めているみたい」
　〈言っても聞いてもらえない？〉「突っぱねられると，何か，私，言いたいけど言えないのね．あまり言うと怒るからね，怖い」
　「私は主人の機嫌のいい時に溜めといて言う」
　〈なるほど．そのように言いたい事を押さえて溜めといて言うと〉
　「むしゃくしゃするけど，喧嘩別れになるんではないかと」
　〈大袈裟ですね〉「そんな事でも言い兼ねない人．ちょっと，短気なのよね．むっとすると黙ってしまう方．私もそう．むっとすると黙って．言ったら気持ちいいんだろうけどね．黙って相手に分からせる方」
　「相手に気分を害されるのが怖い．誰でも．八百屋のおじさんにでも．聞きたい事でも遠回しに聞く．今は，これ幾ら？　と聞けるようになったけど．おかしいでしょう？」
　〈遠慮したり押さえたりとか〉「対人関係で気が小さいというか」
　〈いつ頃から？〉「小さい頃から，仲間はずれにされたり．友達関係で物凄く苦労した．それで相手の顔色うかがったり．不思議に意地悪な人がいて邪魔したり．近所の子だから一緒にいたけど．いつもむしゃくしゃしてても言えない．イヤでも一緒にいた方が無難だからいた．言いたい事を言いながら付き合える友達が欲しかったけど，遠慮しながらの付き合いとなっちゃう」
　〈主人だけでなしに友達に対してもそうだったと．つい遠慮する，押さえる，という癖があると〉「そう」
　〈兄弟にでも？〉「そう．でも一番上の姉と母には割りと言うけどね．母にはぽんぽん言う，なんでもかんでも怒りまくる．だから母は私が怖いみたい」

〈お母さんの,どういう所が言いやすいの?〉「母は根性もあるし意地もあるみたいだけど,怖くない.何を言っても,私を相手にしなくなるという事はないね」

〈他の人だったら相手にされなくなると?〉「他の人にだったら,何でも言ってたら,自分の値打ちを下げるとか印象を悪くするとか思うから.主人にでもぽんぽん言ってたら嫌われる,見捨てられるような気がする」

〈お母さんだと何でも,もう分かっているし安心と?〉「そう.最近はテレビなんか見てて,ぽんぽん言う女を好きな男性もいるんだなと思うようになってきた」

〈要するに,夫婦でも一般に言いやすい事,言いにくい事などあるだろうけど,あなたは遠慮,気がね,相手の機嫌を気にする,見捨てられないかと不安になる,などと普通より強く思うんですね〉

「そうなんですよ.だから遠慮してしまう」

〈そういう性格傾向は結婚する前からあったのですね.友達との付き合いでも〉「一人になったら困るから」

〈そう,見捨てられたら困るから〉「どうしたら良くなります?」

〈この治療のやり方はね,自分のやってる事をあれこれ見ていこうと,そうすると自然と修正されてくる,ということです〉

「話すだけでいい?」〈そう,話して自分を見ていく……〉

「根本に,悪く思われるんやないかというのがあるから,いくら話ししても治らないんやないかな?」

〈主人に悪く思われたら,とか,突っぱねられたら,とか思うからでなく,結婚前からそういう不安はあったね.あなた自身そういう性格が.そういう性格はどうしてそうなってきたか? と分析していくわけです〉

「それは友達とでしょ」〈友達とそうなったのは,どうして?〉

「姉が自分の友達と私とを遊ばせないように,小さい時から」

〈だから絶えず仲間に入れてもらえないと……〉「そしたら姉が原因となるやないの! 先生の言う事は何でも家族にいってしまうやないの!」

〈家族の問題を見ていこうとすると非常に感情的になるけど，感情的になるということは，そこに何か引っ掛かる問題があるということになるね〉
「それ以上の事わからないもの！」

〈それ以上の事を見ていくのがイヤなんでしょ？〉「そう思いたくないの！　先生は結局その方に話をもっていきたいんでしょ！　そんな小さい時の事なんか覚えていないですよ！」

〈今さっき話してたでしょう？〉「その外の事はよう知らんよ！」

〈知らんよ！　と警戒しているみたい．ということは言いたくない，触れたくない，ということですね．家族アレルギーというか……〉

「——笑い——」「私自身の気持ちが，そこんとこでどう？　ということでしょう？」

〈私自身と言われるが，私は両親から生まれて，そこで育てられて，だから，私の事を見てみようとしたら私以外の人，家族も出てくるでしょう？〉

「——笑い——」

〈要するに，あなたは家族の事について，そう思いたくないのですね．家族の事であろうが，他の事であろうが，そこで自分がどうなっているのか見てゆきましょうと．それがこの治療法だったでしょう？〉「うーん」

〔第8回〕
「全然よくならない．こないだよりちょっとひどくなった」

〈イヤな話をしたからかな？　この一週間は〉「うん」

〈治療が進みだして，今まで自分が言いたくなかった事，知りたくなかった事を問題にしだすと症状がひどくなる事が多いね〉

「何か家族の事とか，何か出てくる事はしれてるような気がする．だのに，そういう事が大事と言われるでしょう？　だから，治りっこないような気がする」

〈そしたら，どこに大事な事があると思いますか？〉

「それが分からないでしょ．——笑い——」

〈分からないから段々に絞っていかないと，一つずつ見ていかないと分からないものね〉「全然，当てがない」「言葉の症状の方ばっかり，他の症状ほっといていいんですか？」

〈どの症状にしても原因はマトメて言えば，要するに人間関係にあって〉「毎日が何かつまらなくて……」

〈そうですね．症状だけでなしに，そういう事もありますね〉

〈今は，症状が治らない，毎日の生活がつまらない，と〉

「夏に実家に帰ってきて，しばらくは良かったんだけど．秋になったら余計」〈何かする事はないの？〉「ないの」

〈秋になったらと，独身時代からそう？〉「そんなことない．結婚してから．何かする事ない時は，普通の家事とかだけではね」

〈つまらない？〉「つまらないし，何か手探りしているような感じ」

〈何を？〉「少しずつ何か進歩したり身につけたりする事があったらいいわけね．肉体的には仕事の量とかはいいわけね．精神的に何か欲しいわけね．そしたら毎日同じ事の繰り返しでなくなるでしょう？ 今のままでは私ずーっと死ぬまでこんな生活と思うのよ」

〈何かしたいけど，何と目標が立たない？〉「生け花しようかな？ 身につけて教えたり，お月謝が入ったり，生き甲斐とか．けど，私のことだから，また，こんな事で一生……？ ってなりそう」

〈何で満足できるか分からないね〉「そのうち紛れて良くなるかな？ 子供が2，3人できると……．でも病気が治らないと子供もつくれないし……．といって子供ができて忙しくなったら症状が悪くなるし……」

〈結婚するまでは結婚したら，と？〉「仕事がイヤになって，結婚したら，と思ったけど……」

〈一体，何を求めて，何が不満で，何が物足りない，そこが分かってくると釈然とするでしょうね〉

「いつも，こんな話をしててなんともならない．T先生ともね．学生時代は何学期とかあったし，お勤めだと仕事があれこれあって．結婚という目標

もあったけど．結婚してしまうと後なにもない」

〈家庭と子育てと……〉「私自身の事ではないでしょう？」

〈自分自身，何がやりたい？　何を求めているのか？　何が不満なのか？ということですね〉「私すぐに一生，死ぬまで，と思ってしまう．それが平凡だったら，それが昂じてくるといても立っていられなくなる」

〈今，現在の生活の中で具体的に何が不満か？　というようにみていかないと！〉「なんとなく家事や育児でおわるのが……」

〈毎日の生活の中で何か楽しい事，充実した事ってないの？〉

「何もない」

〈夫婦関係でも？〉「全然ない．普通の生活では特別これといってないでしょう？」

〈夫婦の性生活でも？〉「……」

〈あまり面白くない？　エンジョイしてない？〉「嫌いじゃないけど……」

〈楽しんでない？〉「そう」

〈そうすると，その分楽しくないし，それに夫婦関係の肝心の所がぬけていることになるね．かなり大きな問題ですね〉

〈セックスというのは人間の触れ合いでもあるわけで，そこがうまくいくと満足感もでてくるわね〉「関係あると思えないけど……．何かね，相手が感情を害しないかと思って，ものが言えない．それも不満．もっと言いたい．どこか歯車がかみ合っていない．どこか遠慮がある．そんな遠慮しなくていいのに．どこか上っ面だけ合わせてるみたい」

〈そう！　上っ面だけで歯車がかみ合っていない．遠慮するから言えない．そうすると毎日の生活が満たされない，物足りない，となるわね．そこの所を，例えば，どう遠慮してしまうのか？　とみていきましょうということですよ〉

「相手が怒る事が，びくびくしている．それさえちょっと解消できれば……」

〈普通に主人と物が言えたら，気持ちが満足する，充実するとなるわね〉

「夫婦関係が，もっとうまくいったら充実する？」

〈そう！　例えば，歯車がかみ合っていない所が，どうかみ合わないのかという事がはっきり分かって，かみ合うようになると，その分，満足，充実してくるわね．だから，どこが，どう，かみ合わないのか？　見ていくのが治療になる〉

「どうしても私納得がいかない．何故，毎日平凡なのが？　と」

〈そのように総論的に言ってても埒があかない．一つ一つ具体的につかんでいかないと〉

「毎日は平穏にいっていますよ」

〈表面的，常識的にはね．でも，なんとなく面白くない不満，充実してない，と．ですから，今さっき言ったように具体的に一つ一つ見ていかないと，いつまでも治療が空転することになるんですよ〉

「なにか私と主人の関係を大袈裟にとっているみたいな……」

〈家族の事となると，家族の事ばかり！　とか，主人の事というと，そんな事！　と言って，もっと大きな事を，と．そんなふうに話をそらしてしまう．埒があかない〉「——笑い——」

〈百里の道も一歩から．座ったままで，ああでもない，こうでもない，といって空回りしている〉

「でも，長年治療を受けてきたのよ」

〈分析者の方が，あなたに引っ張り回されていたのとちがうかね？　こっちの問題を扱っていると，あっちの問題と〉「そうかも」

〈だから治療しているようで治療にならない．治療が進まない〉

〈どこがどう？　と問題を絞っていくのが分析だのに，絞っていくと，もっと全体を見なくては，と．そのように右往左往していたんでは，ちょっとも焦点が定まらない〉「——笑い——」

〈堂々巡りになってしまう〉「それが私には分かってなかった」

〈治療にあなたがのってこない．ぼやかし逃げてしまう〉「——笑い——」

〈今までの分析者に対しても多分そうしていたんでしょうね．いい加減，仕

切り直しばかりしてないで，立ち上がりましょう．塩まきばかりしてないで．でないと何年しても治らないということになる．上っ面ばかりで，歯車のかみ合わない治療になってしまっている〉

「とにかく一つ一つ見ていけばいいんですね？ あと何年したら治るかしら？」〈右往左往しなければ半年か一年もすれば治るかもね〉

「そんなに早く治りたくない．そんなに早く治ったら，私する事がなくなる．私，これがなくなったら何も考える事がなくなる．あれこれ考えて治療の事を考えると落ち着く」

〈なるほど，ノイローゼとその治療で埋め合わせをしているんですね．今までの分析者との場合でも，治して下さいと言っておきながら，治らないようにしていた所があるんでしょうね〉「──笑い──」

〔第9回〕

〈どうですか？〉「同じです．こないだ主人の事を話したでしょう．ますます，神経質になったみたい．余計ピリピリして」

「何か言っても受け入れてくれたり，弱音を吐いても受け入れてくれたりする人を求めている．ほっとする人をね．結婚する前に，もう少しよくみていたらと後悔している．もうちょっと別の人と結婚すればよかったと……」

〈特別良い所はなかったけど……？〉「まあ普通の感じでだったからね．気になる所もいろいろあったけど．声が高いとか，けど，まあ目をつむって」〈特に嫌ではなかった？〉「お勤めがイヤになってて，逃げるように形で結婚して．まだ子供だったから．一生の事だからね，もっと考えてたら．母親同士が親しかったから，全く見ず知らずではなかったから」

〈安心して？〉「そうね」

〈まあうまく行っている？〉「うん，普通はね．ちょっと，衝突とかある時，自分の気持ちとか出せない」

〈そういうご主人の性格かもしれないけど……〉「私の性格かも．向こうが悪いのか，私が悪いのか，よく分からない」

〈喧嘩両成敗とよく言うでしょう．両方の性格で．あなたが言いたい事を言えば通じるかもしれないし，言い方が違ったら通じるかもしれないし．ご主人が受け入れてくれない所もあるようだけど．あなた自身，お母さん以外の人には言えないとか，誰に対しても対人関係で気を使う，臆病と．そういう所がなければ，ご主人とももっと物が言えるかもね〉

〈溜めといて言うとね．言う時はきつくなったり〉「そうかも」

「言ったらしょっちゅうけんかになって溝ができてしまうんでないかと……」

〈溜めて言うときつくなる．そうすると相手は気を悪くする．そうなると，やっぱり言えない，というように悪循環になっているかもしれないね〉「普通の時は言えるようになった．相手が怒らないと分かっている時は」〈これまでは，それも言えなかった？〉「そう．ちょっとびくびくしたようにね．最近どこに行ってもイライラしてすぐに腹が立つ．スーパーに行っても，人に当たっておいて一言も言わないで行くでしょ！」

〈あなたは言う？〉「全然知らない人にでも一言，言っていく」

「主人は怒ってもあまり尾を引かない．仲良くしようというのがモットーだから」

〈そんならあなたが言いたい事を言っても……〉「普段は笑っているけど」「主人は物凄く綺麗好き．たまたまバケツの中に洗面器を入れていると，顔を洗うものをバケツに入れて汚い！　と怒る．造花に埃がかかっていると，女のくせに，綺麗にしろ！　と言う．そこでカチッとくる」

〈その時に腹が立っても何も言えない？〉「うん．私，男が小さい事を言うの大嫌い．タンスでも汚れていると自分で拭く．そういう所が嫌い」〈ご主人の方が神経質，きちっとしないと気が済まない，細かい．あなたの方が大雑把〉

「そのくせ散らかすのは平気なのよ」

〈他の点では？〉「他はあまりない．だから特別むずかしい人ではないのよね．そんな事いってたら私に問題があるのかないのか分からなくなってきた．

家で悶々と考える時はいろいろ不満あるけど」

「結局，主人に対して言う事は二つ位かな？」

〈弱音を吐いても，もっと言っても，受け入れて欲しいと？〉

「そんな事，前はそれほど大した事と思ってなかったのに，先週，先生が，この病気が治る上でね，大事な事と言われたからね．意外だったのね．だからで考えていた」

〈何か面白くない，何か物足りない，一生このままでは．何か分からないが，と．では，一つ一つ見て行きましょう，と．日常茶飯事がうまく行っているかどうかで満足いったりいかなかったりするものでね．あまり大きな問題と考え過ぎるとね〉

〈ところで，弱音を吐いても受け入れてくれたら，と言われるが，あなた自身，弱音を吐きたくない，という所があるね？〉

〈どうしたんですか？ 黙ってしまって？〉「考えている．今まで誰にも，そんなふうにしてこなかったから……」

〈誰にも！ 主人だけでなく？ ご主人のせいだけでなく？〉「うーん」〈対人関係での基本的なあなたの構え？〉「笑ったり喜んだりするのはだけどね，怒ったりするのはね，さらけ出さないようにしてた」

「何ていうか相手が怒ったような顔するのが怖い」

〈誰にでもね？〉「そう．自分の事を悪いように言われたり思われたり非難されたりするのがね．そこにびくついてる．そういう面では物凄く気が小さい」

「私いつも思うけど．気になる気にしない，それ聞いて，もう終わりでないか，とね」

〈今まで治療で，そうなってた．分析療法というのは，何故そのように気にするようになったのかを分析していくんですよ〉

「今さらどうしようもないでしょう？」

〈何か分からなかったら悶々とするばかりで．わからない分ノイローゼになるとも言える．分かってきたら自然とそれに対応していくようになるでし

ょう？〉
「小さい頃から仲間はずれにされて，それで顔色うかがうように……」
〈そう関連するね〉「悪く思われたくない，というのは，また違うと思う」
〈そうね．それはそれで，また，違った問題でしょうね〉
「それらがどう繋がっているか分からないと納得いかない．先生は何か解決ついたような顔しているから」
〈別に解決ついたとは言ってないですよ．繋がっているものなら繋がってくるでしょう．次々にみていけば〉
「何かビクつく……」〈どこで，どう，ビクついた？　と思い出していくと，何故ビクつくのかが分かってくる，ということですよ〉
「今日は何かきっかけをつかみたかった」〈何の？〉
「どうして人が怖いのか，ビクついてるのか，が」
〈これまでに分かった事は，小さい時にお姉さんから仲間はずれにされて，それでお姉さんの顔色をうかがってたビクビクしてた，お姉さんが怖かったという事ですね．それと，お母さんがよくお父さんの悪口というか陰口を言ってたのでお父さんが可哀想で，お母さんにそんな事を言って欲しくなかったと．それで自分も悪く言われないか，と気にする所ができたのかもね〉
「そういう所もあると思う」
〈あなたは，とどのつまりはどうなってるのか？　と質問する．まだ分析の途中でも，結局，それによって治療を壊しているところもある．治りたくないとも言ってたしね〉

〔第10回〕
〈どうですか？〉「別に，同じで．3～4日はちょっと良かったけど．この1～2日は相変わらず」
〈何か自分でも，こうだったから良かったとか，こうだから悪かったとか？〉「やっぱり目先に何かあれば，いいんやないかしら」
〈何が？〉「引っ越しの話でね，張りがね．でも，社宅なのでちょっといや

ですね．人の事が気になるほうだから．何か意地悪されないかとか，悪く言われないかとか，個人的に親しくなると仲間はずれにされないか，とかね」
〈"仲間はずれ"にされないか？　とね〉

「何か私おかしいなと思うのは，先生は何が引っ掛かるのか分かったら良くなると．これまでの分析者はね，何故，言葉がなきゃいけないのか，という必要性とかね」

〈言葉がでるという症状はノイローゼになった結果でね，何がどうなって症状が出るようになったのか，その原因・根本を治しましょう，というのが私の治療法．ところが原因のほうを探ろうとするとあなたがイヤと．家族の事になるとイヤとかね〉

「私そんな単純な事ではないと思う．家族の中では，そんな複雑な事はないと思う．例えば，母が父の事を言うのを私がいつも，そんな事言わないよう反対してきたと，そういう事をみていくんでしょう？」

〈いろいろな人間関係の中で気遣い，気掛かり，不満，不安などがあって，結局，今ノイローゼになっているんでしょう？　一番濃厚な関係あるのは，今はご主人，それまでは家族．だのに家族の話になると"そんな事話してどうなるんですか!?"と言って，それ以上治療が進まなくしてしまう〉「家族の話しイヤというんではないけどね．何か家族の事としてすべて解決されてしまう」

〈解決するんではなくて，そこがどうなっているのか見ていきましょう，というのですよ〉

「分かっても治らないと思う．時間の無駄．何をみていっていいか分からない」

〈前回から続いているでしょう？　前回に話した事を忘れたんですか？〉
「主人の事でしょう？　気持ちの平静でない時に言うの怖い．でも最近は大分言えるようになってきたけど」

〈それも主人のせいではなくて，結婚する前から，そういう傾向はあったでしょう？〉「電車の中でも，ちゃんとしないと，エチケットを，ちょっと

でも靴でも当たったら怒られないかビクついている」

〈エチケットに反する事をすると相手が怒らないかと？〉「そう．とにかく悪く言われるのが……」〈悪く言われるのが怖い，相手が怒るという前に，自分が悪く思われると？〉「だからちょっとした事があるとカーッとして顔が赤くなるようなね．小心なの．自転車でもリンリンと鳴らすと，うるさい！　と言われそうで，鳴らしながらも心配で．あんたの方が，もうちょっとそっちの方を通ればいいやないの！　と言われそう．気が弱い．それで相手が怒るような気がして，逆襲というか」

〈主人や身近な人では？〉「それで相手が怒るような気がして，逆襲というか，腹立てるとか，嫌われる，仲間はずれにされる，見捨てられる，それが怖い．とにかく私が何か言うと決定的な事にならないか？　母なんか何を言ってもどうもない」

〈お母さんは逆襲してこない？〉「そう．逆に私の事を怖い怖いと言う．だって母は子供みたいな事を言うんだもの．がんがん言わないと」

「母は私が兄弟の中で一番優しくて思いやりがあると思っている．母は私の事を買いかぶっているからね，値打ち落とすような事を少々言ってもいい．母は私の良い所も悪い所も全部しっているから．主人だったら最後の最後まで言ってしまったら，見損なったとか言ってダメな事わかっているから．いつも押さえている」

「こないだ，おとついか，姉に電話してたら，主人がいちいち口を挟むから"いちいち言わないで！"と初めて言った．そしたら主人は怒って黙ってしまった．私，気になって，少し顔が赤くなる感じ」

〈それで主人は，その後は？〉「別にどういうことなかった」

〈あなたの気持ちの中では，そんな事を言うと絶交，離婚と．でも，どうもなかった〉「最初の頃より大分進歩しているのかな？」

〈そんなに気を悪くするものではないと分かった．それまでは，そんな事を言うと大変なことになる！　と思っていた．それでビクビクしてた〉〈ところで，何か言って逆襲されたことは？〉

「中学の時，友達が何か探しているので，ハンカチを忘れたの？ と言うと，すごくその子が怒って．ハンカチを忘れるほど馬鹿でない！ と．それで，明くる日までグジグジ考えて．怒って除け者にするんではないかと．そういう事がよくあった．小学校の頃もよく除け者にされてたから」

〈下手に言うと怒るから止めときましょう，と〉「そうね」

〈お姉さんにも除け者にされてたね〉「姉はいつも冷たくして，しょっちゅう怒ったような顔してた」

〈だから夫婦の間でも言えない〉「だって誰でも，いちいち口だししないで！ と言ったら怒るでしょ？」

〈当然の事でも言ったら怒られたという経験があるから，そう思うんでしょうね〉

〔第11回〕

「水曜日に社宅に変わって．ちょっとなんとなく緊張する．あまり大きな声だせないし．まだ越した所で，何となく寂しい」

〈主人が大きな声を出すな，とか？〉

「そう．私にいつも考えて物を言わないかん，と．ある時，隣の人にね，何も考えずに物を言ったら，後から怒られた事ある」

〈口が滑ることがあるの？〉

「1～2回あったと思う．主人は年が5～6歳上と離れているからね，自分が，と思っているんやないかな」

〈あなたに任しきれない？〉

「ちょっと，押さえておかないとね，突拍子もない事を言ったり，したりするんやないか？ と思っているんやないかな？ 私，つい大きな声で言ったりするから．言ったらいけないような事を言ったりとか」

〈場合によっては，突拍子もない事を言ったり，言ってはいけない事を言ったりする所があるのね．人に気を使うといいながら〉「うん」

〈一方では何か言うと決定的な事にならないか，と押さえながら，一方で

は出過ぎた事を言う．そうすると主人は，そんな事を言ってはいかん，と．お母さんには何でも言えるんでしたね？〉

「冷静に話している時は，そんなことはなくて．とにかく感情的になって物を言う時に」

〈なるほど，感情的になるとね．言える，言ってしまう〉

「主人にも，主人の機嫌の良い時には言う．楽しそうにね」

〈楽しそうにって？〉「半分は気を使って，これ以上言うと？　と思うと笑ってごまかして」「この頃，ここで話しをするようになってから，主人に言い過ぎるよう．とにかく言いましょう，となっている」

〈そこは少しは注意しないとね．ここでは何でもすべて話さないと治療にならないけどね．ここを一歩出ると，日常一般では言って良い事と悪い事とあるからね．でも今は治療中だから主人にだったら少しは言いすぎる事もあっても仕方ないかもね〉

「主人に言ってやりましょう，という気持ちにもなってきているけど，その分，主人に反発されないか!?　と心配もある」

〈以前は，言ってやりましょう，という気持ちにもならなかった？〉

「そうね．主人に，子供をお風呂に入れてと言っても，主人が，邪魔臭い，とか，わかってる！　とか言うと，怖くて黙ってしまってた」

〈相手があなたにイヤな気持ち，悪感情を持つのが怖い，と？〉「そう」

〈嫌いでもイヤな気持ちを押さえながらやっていた？〉

「嫌いな友達とも一緒にいた．一人でいるよりいいでしょう？　皆，誰かかと一緒にいるでしょう？　孤立するのがイヤだから．でも，その友達も面白い所もあった」

〈あ！　そう！　何から何までイヤなのではなくて？〉

「私，イヤと思うと，とことんイヤになる．イヤというのが憎しみに変わるような感じ．性質が嫌いとなると身体つきまで嫌いになる．なんでもかんでも大嫌いになる」

〈感情的なんですね．好き嫌いが激しいんですね〉

〈それで，相手の良い所が見えた時にはどうなるの？〉
「悪い事をしたなと，可哀想な事したなと気の毒になる．そしてモヤモヤする．割り切れない気持ち．後悔する」
〈憎しみまで感じた事に後でどう後悔？〉
「自分がそれほどまでに思った事を相手にすまないと思う．相手に言ってなくても」
〈相手に言ってなくても，気持ちの中だけだけども，相手にわるいと？〉
「そう．そんなふうに自分の気持ちが行ったり来りするものだから疲れる」

〔第12回〕
「社宅にかわってきてからちょっとひどくなった」
〈どうして？〉「親しい友達がいなくて寂しい．1～2人と親しくなりたいんだけど，同じ年頃の人でも下に赤ちゃんがいたりして私ほど時間がなさそうで．毎日家の中でいることが多くて，毎日が平坦でつまらない」
〈ひどくなる原因というか要因をまとめてみると，人に気を使う，男の人と平静に付き合えない，楽しみの有無，毎日の生活のつまらなさ，などかな？〉「――泣き出す――」
〈どうして涙が？〉「だって寂しい．どうして他の人みたいに生活できないのか？　毎日平坦だと何故寂しいいう感じになるのか？　子供でももう一人居たらいいんだけど．こんな病気だからと気が滅入ってしまう．毎日の生活をそんなふうに思わなかったらいいのにと思う．何故，私だけ？」
「いろんな事を言ってきたけど根本的に解決しない」
〈何がつまらないのか？　それがつかめないから．何からきているのか？〉
〈ところで，楽しいのはどういう時？〉
「テレビなど見ている時など．それも日曜日の夜など片付けが済んで子供も寝て，ほっとしてテレビ見てる時，主人もそばにいる」
「私の毎日がつまらないというのは，治療してて良くなるかどうか分からないでしょう？」

〈症状だけでなく，毎日がつまらないというのもノイローゼの原因の一つかもね〉

「毎日どんなにすればいいんですか？」〈ノイローゼになっているから毎日が面白くないということになるが，逆に，毎日が物足りないからノイローゼになっているという側面もあるかもしれない．どうすればというよりノイローゼの原因を考える．何かつまらない物足りない，その正体をつきとめてゆきましょう，というのが治療でしょう？〉

〈これまでに分かった点でもいろいろあるでしょう．夫婦関係で，主人に気を使う，見捨てられるか，物足りない，ちゃんと受け止めてくれない，ちゃんと聞いてくれない，などとね．そのように現状で満たされていない〉

「でも私が感じる事とちょっと違う」

〈あなたが言うのは，もっと素晴らしい人生が，とかいうのでしょう？でも，差し当たり，今の生活の中で何が物足りないか見ていかないと，なんともならないでしょう？〉

「今までの話ではなんともならない」

〈何かを見ていこうとしても，あなたが，関係ないでしょ！ と打ち切ろうとしてしまっていた〉「先生の言うのが本当なんだろうと思ってやりますから」

〈やっと立ち上がる気になったんですね．では，先週の問題をみてゆきましょう〉

〈男の人の方が言いやすいけど，男の人だとモヤモヤする．男性とか性に関して抵抗感がある．ここでも．どうなってるんでしょうね？〉

「何となく」

〈もう一歩具体的に！ でないと，いつまでたっても進まない〉

「とにかく個人的な，その」〈思い切って！〉「何て言うか，私にね，入り込んでこられるというか，私に注意を向けてこられると困る」

〈ちょっと，具体的になってきたね！〉

「男の人と個人的な関係となると恋愛関係を考えてしまう．私が一方的で

向こうは無関心だと気持ちの負担はないけどね．個人的に親密になると負担になる，もやもやする．ここは恋愛ではないから，まだ救われているけど」

〈男女の関係は恋愛とか性とか抜きでは考えられないですね？　そこら辺からモヤモヤするね．性に引っ掛かってしまう．恥ずかしい？〉

「最初は恥ずかしい，後は，困ると」

〈入ってこられて困る？　気持ちの内で困る状態になる？〉「そう」

〈ある所以上，入ってこられると困ると．何に困るのかな？〉

「何かの形で何らかの感情を持たれると困るんです私」

〈それで？〉「焦点がぼやけてきた感じ」

〈何回も経験している事でしょう？〉「私がいいなと思っている時点まではいい．ああいう人と結婚できたらいいなと．だけど向こうが私のことに夢中になってこられたら逃げ出したくなる．そこでモヤモヤする」

〈男性アレルギー，セックス・アレルギー？〉

「アレルギーまでは行かないけど．大恋愛したいなと思うけどできないんやないかと思う」

〈大恋愛したい！　けど逃げ出したい！　自分の中に自分の夢を満たしきれない構えがあるね．それで物足りない満たされないとなっている所がある〉

〈近付いて肌が触れ合いそうになると逃げだしたくなる〉

〔第13回〕

〈男の人が近付くと逃げ出したいということでしたね？　どういう感じですかね？〉「こういう感じと分からない．とにかく1対1となるの気持ち悪い．ぞっとする感じ，照れくさいも入る，恥ずかしい」

〈誰とそのような経験を？〉「誰とというのではなく，特定の仲になりそうになると……」〈それは，例えば？〉「うちの人でしょう」

〈ご主人と交際する時はモヤモヤするのに，よく会ってたね？〉

「うん，そう．結婚しなきゃという事で．それに会っている最中は他の事で気が紛れてたしね」

〈結婚してセックスそのものはどうもなかった？〉「そう」

〈そうなってしまうと抵抗感ない？〉「そう」

〈むしろ，デートとか二人でという辺りでモヤモヤと？〉「そうね」

〈主人に話す方が，私に話すより話しやすい？〉「内容によって違う」〈というと？〉「主人には病気の事はほとんど話さない．私がこういう病気をもっているのを知られるのがイヤ」

〈私に話しにくいのは？〉「やっぱり性的な事」

〈性的な事話しにくいと，余計そこらがはっきりしない．自由連想法だと浮かんだ事はすべて話すというふうにやるんだから〉

〈ところで，赤ん坊はどうして生まれると知ったのは，いつ頃？〉

「中3の時．父や母もそんな事しているのよと聞かされてびっくりした．ぞっとした．未だにイヤだなと思う」

〈今までの分析者も，分析者が質問してあなたが答えるというふうに？〉

「違う違う．私も話ししてたけど，全然ちがう．話題になる内容が」

〈どんなふうに？〉「先生のように積極的でなかった．B先生の時はね，症状がどういう時にひどくなって，とね．どういうように持っていけば軽くなるとかね．T先生の時は，私の生活のね，家事なんか仕事やないと思っていたのね．それも大切な仕事というね」

〔第14回〕

〈今日はイヤな話のつづきですね〉「——笑い——」

〈赤ちゃんの生まれる話やったね．中学の保健の時間みたいやね〉

「あったけど身体の構造とかばかりで仕組みとかしか学ばなかった」

〈どうするとかは聞かなかった？〉「友達から聞いてびっくり．高校の頃か卒業してからか．その後も興味深々というのでなかったからね．知ろうとしなかった」

〈家では，そんな話はさけられてた？〉「あまりしなかったみたいね」

〈他人の事としてだったらどうもないけど，自分の父親，母親がそんな事

をするというのはイヤだなと〉「そうね．父はね，何くわぬ顔して威張っているくせにね」〈澄ました顔してて舞台裏ではと？〉

「——笑い——」

〈元々お父さんは好きでなかった？〉「何か私を一番可愛いがってくれた．小学校の1～2年かもっと後まで一緒に寝てた」〈あ，そう〉

「よく旅行なんかでも私を連れて行ってくれてた．銀婚旅行の時も私を連れていった」

〈お父さんを好きな所はないの？〉「特別好きというのではない．今はよく喋るけどね．よくこちらへ遊びにくるしね．引っ越しの時も手伝いに来てくれるしね．今でも月に2～3回は電話をしてくる，どうしてる？　と言って」

〈今でもお父さんはあなたの事をとても可愛いがっているんやね！〉

「何かいうと電話をしてくるし，物凄く心配してくれているなと思う」〈お父さんやお母さんと一緒に寝てて，両親のセックスを見た事はない？〉「知りませんよ，そんなの．必ず父か母と寝てたけど．その後はどうなったか知りません．全然」

〈家では性に関する事はあまり話さないんでしたね？〉

「大人になってからは母が時々そんな話しするとモヤモヤして喉の辺りが．どうしてか分からないけど．他人とは好んで，そんな話しをするのにね」〈舞台裏から見ていってるとモヤモヤしたり言葉が浮かんだりと．ところで，この頃，症状の方はどうなっている？〉

「3～4割くらい減ったよう」「本にノイローゼの原因は80％まで家族の問題と書いてあったけど，私は20％の方と思うんだけど……」

〈そう思いたいわけね〉「すぐに，何故そう言うの！」

〈性的な事でも他人の事だったら平気と．家族だとイヤと，だったしね．誰でもイヤな事は避けたいしね〉「治るためだったら何でも話そうと思っているのに」〈確かに，もうイヤと避けないと言いましたね〉

「——笑い——」

〔第15回〕

〈どうですか？〉「少しは良かったみたい．歌以外はあまり出てこなかったみたい．物凄く良い時は歌があっても邪魔にならなかった」

「この調子でいけばうまくいくかもとね．そしたらも一人子供ができるかもと思う」「けど最近また吐き気がするんやないかと気になって．症状が軽くなって，これならも一人子供もつくれるかもと思うと余計．お産の時も少し吐き気がするけどね．2年前，胃カタルになって．不安が強くて夜中でも安定剤を飲んでた頃」「最近，何か胃カタルになって，それから物凄く神経質になった．胃がモヤモヤすると，すぐにクスリを飲んでた．症状が軽くなると他の心配事を考える．苦労症で．子供が一人だから大丈夫かしらとかね．胃癌でないかと考えたりね」

〈ご主人と気安く喋れないというのは？〉「相変わらず．普通の時は平気で喋れるけどね．気分害されるんやないかと思うとね．気分害されると怖い．同じ事を何回も聞いたりするとね．私もせっかちだからね」

〈イヤがられたり，極端に言うと見捨てられるんやないかとね〉

「うーん，段々と嫌われるんでないかとね．――笑い――．主人は誰とでも言い合いなんかしてこなかったような顔しているから．人当たりがいいのね」「主人は綺麗好きなのよ．私がちゃんとしてないと，ぶつくさ言う事あるのよね」

〈はっきり文句言わずに？〉「そうなのよ！ 頭にくるのよ！ そんな時，男のくせにそんな小さい事言って！ と言いたいけど言えないので余計ね．それに言ったら，女のくせに，といつも思っているみたいだからね．あまり腹が立つ時には陰で一人で言う，聞こえないようにね．聞こえるように言ってやりたいけどね」

〈似た者夫婦やね．主人はぶつくさ言う，あなたは陰で言う〉

〈主人の一番嫌いな点は？〉「綺麗好き．私が頭が痛いとか言うと怒るとこ．ちょっとも同情してくれない．だからこの頃あまり言わないのよ」

〈心身共しっかりしていて欲しいんやろうね〉「そうね」

〈で，主人の好きな点は？〉「何か明るい所が良い，じめじめとはちっともしてない．いつも割りと機嫌いい感じだからね．あまり馬鹿でもなさそうだから．男の人はあまり頭の悪そうなのは全然魅力ないから．それと堅実な所がね．あまり無駄遣いしないからね」

〈お父さんは今でも月に2～3回は電話をかけてくると言ってましたが，お父さんは心配してくれる構ってくれる．ご主人は？〉

「主人は普段ものの言い方は優しいし，全然冷たくないからね．主人の機嫌のよい時に，言いたい事を口を尖らせて言うと，可愛いらしいと思うのか，時には頭をなぜてくれたり．最初はそれもできなかったけど，先生の治療を受けだしてからね．女は怒った感情を出さないに限ると思ってたから．それが人から好かれる，人物ができていると思っていたのよ．第一自分の値打ちが下がるからね．それが治療に通ってきて，言わないと損みたいな気になってきてね」

〈お父さんに一番に可愛いがられていた．だから良い子でいましょうと．好かれるように〉

「ちょっと，思い出さないけど……．そう言えば，お父さんが出掛ける時に玄関で手をついて，行っていらっしゃい，と言ったり．寝る時にちゃんと服をたたんで寝たりとかね」

〈良い子だと可愛いがってもらえるしね〉「子供は単純だからね．近所の人にも，こんにちは，と挨拶をしたりね．そしたら私の事しっかりしているとか言ってね」

〈そういう性格だから，ご主人との間でも気を使ってしまうわね〉

「そうね．私，人から褒められると物凄く満足だった」

〈自分が何かをして満足しようというのではなくて，人から褒められる事の方が満足となっている〉

「結婚してから，そういう事はないからね．全然，それが面白くないのかも」

〈主人が褒めてくれるという事はない？〉「ない」

〈結婚生活に張りがないというのも，そういう所からかもね〉
「——笑い——」

〔第16回〕
「先生のやり方，今までの先生と違う．今までは私が自由に話していたけど，先生は何か予定していた事をたずねる．疑問に感じる……」
〈何か言いたい事があるの？〉「だんだん，子供に時間がかからなくなるから，それをいかに過ごすか，と，そんな事ばかり考える．困っている．ぶらぶらしているの何か悪いような気がするし」
〈今までの治療では，これで困っているとか，症状をどうしたら軽くなるかとか，うまい工夫はないかとか，といった事をよく話題にしてたという事ですね〉「困ってるから……」
〈何とかならないか？　とあなたが言うのはもっともですよ．だけど，それはノイローゼの治療の問題ではない．そんな問題に貴重な治療の時間を使わないで，という分別は必要ですよ〉
「今までの治療がそんなんだったのよ．症状を言ってどうこうと」
〈だから症状を中心にして治療が空回りするんです．だから私は問題を掘り下げようと，私の方からテーマを絞っていって聞いているんです．あなたに任していると，また，治療が空回りするからね〉
〈掘り下げる＝舞台裏を見る，のはイヤ，となっている．表面的にはもう話は出ているんですからね〉
「舞台裏を見たら治るんなら見たいですよ」
〈でも，ややもすればサボリたくなる〉「面倒臭い，もう」
〈そうですね．ちょうど，勉強するのと一緒で，しんどいですよ，治療するのも．だから他の問題を持ち出して質問したりしてね〉
「今までの治療は，そしたら上っ面をやってたわけ？」
〈そうらしい．だから，ここでは掘り下げてゆきましょうと言っているんです〉

「もう私，観念してますよ．見ていくのを」

〈だが何回でも，どうしたらいい？　と聞いたりしてしまう〉

「また今日も．時間がもったいないから，もう止めとこう」

〈そうですね．これまでは治療の中に，人生相談，身の上相談を，こんがらかしていたからね．治療の土俵に上がらずにね．そして，この治療はどうも……，と言っている〉「──笑い──」

〈では，この次から，また，仕切り直しをしてやりましょう〉

〔第17回〕

〈今日から仕切り直してでしたね．あなたの方は？〉

「別にないけど．来るのが憂鬱で気が重い．何もせずに，また，帰るんでないかと．何も出てこないと思うし……」

〈治療の効果があがらないからというより，掘り下げる，舞台裏を見るのが気が重い，面倒臭い，憂鬱ということですね〉

「それも大分あるけど，とにかく，何も出てこないみたいな気がする．そんなに調べてみても．でも，それしかないみたいに言われるし……．面倒臭い」

〈そこを頑張らないとしょうがない〉

「それで避けてきた．──笑い──」

〈そう．今日も見ていく作業をしようとするとあなたのブレーキがかかる．自分でも，そうとはっきり意識しないで話題をそらして治療を右往左往させてしまう〉「もう早くやりましょう．──笑い──」

〈早くというより，こういうふうにあなたはブレーキをかけてしまうところがあるという事をよく確認しておきましょう．こうならないようにしないと治療が進まないですからね．今までの分析者はあなたのシッポに振り回されて，翻弄されて治療が進まなかったんでしょうね〉

〈ところで．日常生活でまたこんな事をやってしまっていると気付くと言っていましたが，それを見てみましょうかね．〉

「近所の主人が早く帰ってきたのを見て，今日は早いわね，と言うと，主人は他人の事をそんなふうに言うのはいけないと思ってね，そんな事を言うのをイヤがるだろうなと思って……」

〈そんな事をいちいち言うのは良くないというよりは，主人がイヤがるだろうから，主人の評価が気になってという事ですね．他人の評価より主人やお父さんの評価が気になるという事ですね〉

「日曜日でも何か掃除とか洗濯をいそいそしていると，良くしていると思ってくれるだろうと．お鍋の底なんかでも一生懸命みがいている所なんかを見てくれたらいいのになと思う」

〈見てもらって褒めてもらいたい．小さい子供が親に見てもらって褒めて欲しいという子供っぽい気持ちですね．見てくれて褒めてくれないと物足りない．そこからも"物足りなさ"が生じてくるね．だから，そういう子供っぽい気持ちがなかったら，そこから物足りなさも生じてこない事になるわね〉

「先生一人で言って満足している．そういう事だから物足りないとぴんとこない．どうして結び付けるの？」

〈結び付けるのではなくて，主人が見ててくれないと物足りないんでしょう？〉「——笑い——そうねえ，そう言われると，そうねえと思うけど……」

〈ここであなたの物足りなさの一つが発見できたと言っているんです．私が，かなり当たっている事を言うと私の言う事を批判したり攻撃してきたりするけど，納得いかない？〉

「そうね．後で何かの拍子に思い出してみると，そうかなと思うこともあるだろうけど」

〈気が付かなかった事を急に言われても，すぐには分からないわね．しばらくしたら分かってくるとね〉

「それが分かったところで……」

〈分かったところで，それを誰かが満たしてくれないと，どうにもならないと言いたい？〉「そう．——笑い——」

〈それは子供っぽい気持ちのままでいるから物足りなさが出てくるんで

よ．気持ちが年齢相応になれば，そんな物足りなさは生じてこない．あなたが5〜6歳位だったら賢いねと褒めてくれるよ〉

「話が変な所へいったような気がする．主人に褒められる褒められないという話だったのに……．どうしてそう思うのかと探すのが分析でしょう!?」

〈そう．小さい頃から，ちゃんとやっている良い子だねと褒められるようにやっていた．それが今も続いているということですね〉

「私は主人に褒めてもらおうと思ってやっているんだけど……」

〈お父さんに褒めてもらおうとしてやってたのと同じやないかね未だに〉

「果たしてそれが尾を引く？　私はね，褒めて欲しい，好かれたい，と思うからそうしている」

〈お父さんにそう思われようとして，してたでしょう？〉

「同じかな……？　違うのでは……？　同じかな？　——笑い——」

〈同じと思いたくない？〉「本当に，誰も大人になったら，そんなこと思わないの？　——笑い——」

〈それは人によって違うけどね．思う人，卒業している人．あなたは卒業してない〉

「卒業している人の方が多いかな？」

〈そら多いでしょうね〉

〔第18回〕

「ちょっと心配事が多すぎる．子供が外へ出て遊ばない，お友達ができないし心配で，ものすごく気をつかう」

〈子供と自分と一緒に外に出たら？〉

「つまらない．30分もしたら付き合いきれない．一日30分位で何にもならないでしょう？　それと，よっぽど暇な人だと思われる」

〈世間の目を気にして？〉「自分は必要でも人がどう思うか？」

〈事の必要性よりも人の目を気にしてしまう〉「自分で嫌になる」

「とにかくこんな病気になって悔しい，人並みでないのが，歯痒い」

〈勝ち気なのかな？〉「勝ち気ね．すぐ頭にくる．そのくせ気が小さい．弱い所もあるのよ．涙もろいしね」

〈すぐ頭にくるのに，それがいざ言おうとすると言えない？〉

「そこでね，ほら，——笑い——言ってはいけない，怒ってはいけない，と思うからね」

〈それでムシャクシャする〉「そんなのが何時も気持ちの中にあるのでは？」

〈それも子供の頃から？〉「そうね．友達にでもやっぱりね」

〈家の中では親・兄弟には？〉「今は上の兄を除いては大体言っているけど．次の姉には，あまり好きでないし，言えない．今でもピリピリ」

〈フランクに話し合う家庭ではなかった？〉「そうね」

〈そういう事に馴れていない？〉「中心人物がムツッとしているんだもの，他の者が喋れないじゃないの！　だから悩み事でも心配事でも，どうしていたんか？　友達にも打ち明けて喋れる人はいなかったし，上の姉にちょこちょこと話す程度かしら」

〈お父さんは可愛いがってくれたと言っていたけど？〉

「可愛いがってくれたけど．あれ買ってきて，これ買ってきてとかね」「物を買ってきてくれたり，何かの時に連れて行ってくれたりでね」

〈症状の事以外は主人とはフランクに？〉

「主人はいつも機嫌よさそうにしているからね．駄洒落を言ったり」

〈私の場合は気楽に話せるタイプかな？〉「そうですね．外で見た時と，ことではイメージが違う」

〈どう違う？〉「そんな所まで言わなきゃいけないかしら？——笑い——」

〈そう．言ってみて下さい〉「怖さがないしね，男の人でも話しててほら，年には関係なくね．面と向かって言いにくい．——笑い——」

〈そこを言って下さい！〉「気取って，そつがなくて，といったタイプと，母性愛をくすぐる——笑い——ちょっと可愛いなと，なんとなく，そういうタイプ」

〈私は？〉「後のタイプ．あまりこだわらない，身なりを構わない．うちの

主人もそういうのに入るかな」
　〈そうすると，ご主人は理想的となるね？〉「そうね」

〔第19回〕
　〈今週は，またこんな事をやっているという事は？〉
　「あまりない．でも，こんな事が先生の言ってた事かなと思うと，何か失望してしまう．B先生の時も言ってたしね．こんな何でもない事が？　と疑惑が深まる一方．何か反発を感じる．素直に納得できない受け入れられないというか．そんな所があるから．こんな事の繰り返しなら，もう治りっこないと思ってしまう．先生たちの説明されるのは分かるけどね．話が進むと，いつも，この治療に対して反発心がとれない」
　〈うん，うん〉「どうしてかしら？——笑い——自分の思っている事が正しいっていうか」
　〈自分の思っている事が正しいと思うから，納得いかない，そして反発心が出てくる．それで治療が進まないとなる〉
　「そう．それでイライラ．早く治りたいと思うのに，こんなことではと．何が本当なのか，真実なのかと思う」
　〈なるほどね〉「先生の言われる事は分かるのね．私が振り回してきたとか．けど，いざ話してみると，こんな事がと思う」
　〈そんな些細な事がと？〉「そう．それに先生になって，もう何ケ月とか」
　〈そういう形で治療が進まなかったんですね．どうしてそうなってしまうのか検討するのが大事ですね．そこを解決しないと治療が進まないとなるわね〉
　「どうして反発心を感じるのかしら？　いつも，そんなことでは治りっこないと思ってしまう」
　〈もっと大きな事があるはず，と．だけど，物足りないというのも，鍋の底を綺麗に磨いている所を主人が見て褒めてくれないと物足りないという事が一つの原因だったわね．そのように一つ一つ見ていかないとね〉

「そんな事をみていっても良くなるんですか？　良くならないと思うけど」
〈何か問題点を取り上げると，その度に，こんな事！　と分析の作業をぶち壊そうとしてしまう〉
「大体よくならない原因は，そこら辺にあるのかもね．少しは……」
〈そう．何かを見ようとすると，そんな事！　とあなたが治療をストップさせてしまう〉「本当にそう思うんだものしょうがない」
〈それを見ていかないと〉「そんなもの切りがない」
〈切りはありますよ〉「そんなもの多すぎて私できない」
〈セーターを編むのでも一針一針根気のいる事はできないといってましたね．でもコツコツやっていったら何日かしたらでき上がるでしょう！〉
「で，見ていって，気持ちを変えるんでしょう？」
〈そうなるね．鍋を磨いてる所を見てもらわないと物足りないというのは子供の心境でしょう？　大人になれば，そんな子供っぽい気持ちは無くなるわね〉
「本当に見ていくという事で治るのかしらと，いつも疑問あるのよね」「見ていって少しずつでも良くなれば納得いくんだけどね．全然よくならないから」
〈全然というのは，それはおかしいね．歌は浮かぶけど言葉は浮かばなくなったとなっていたでしょう？〉「見ていっただけで良くなるんですか？」
〈そう．もちろん，見た結果，見ていてくれなくても物足りないという事はない心境に達しないとね〉
「今までと，結局，気持ちを変える，変われ，という事でしょう？」
〈そう．年齢相応の気持ちにならないとね，物足りなさは無くならない〉〈単純な例でいえば，お母さんがケーキを買ってきても，1～2歳の子供はすぐにもらえないと泣くでしょう．それが，もう小学生ぐらいになると，後で皆で食べましょうと言うと楽しみにして待っているわね．大きな違いでしょう．些細な事でも．そんなふうに年齢を重ねていくと，経験を積んでいくと大きな違いが出てくる．分析はそれと同じような効果が出てくる．自分をみ

つめるという作業を続けていくとね〉

「主人が見てくれないという事に限らずにですか？」〈そうですよ〉

「おのずと，そういう気持ちになるんですか？」

〈分析を続けていくとね．脱皮，成長が起こってくる〉

「そういうふうにするのが面倒くさい」

〈疑惑とか信じられないとか言うが，いつか言っていたように，根本は，このままでいたいんだ，と．でも，このままでは治らないわね〉

「私そういうの乗り気でない」

〈なるほど，乗り気ではないんですね．変えたくない，変わりたくない．主人に良い子よい子と褒めてもらったり，頭をなでてもらったりして〉

「自分が今まで守ってきた体制を抜け出すというのが……．荒波に放っぽり出されるという気がするのね」

〈だから治して下さいといって来ながら，このままでいたいんだと．だから分析者が何か言うと，話題をそらしたり，攻撃的になったりして，治療がそれ以上進まないようにしてしまったり．そういう心境で，そのようにしているんだと今日はよく確認しておきましょう！〉

〈では年が明けたら今までの事を復習して頑張りましょう，脱皮しましょう！〉「──笑い──」

〔第20回〕

「これまでの先生が言われる事は先生が勉強してこられた事を私に定規を当てるようにと思って気に入らなかった．けれど，先生の言われる事はもっともだから素直に聞き入れようと大分決心したというか，ここらで私の気持ちが変わらないとダメじゃないかと最近よく思うようになった．そんなに思った原因は他にもある」

〈それは何ですか？〉「言ってもいいんですか？」

〈いいんですよ！〉

「兄嫁がね，着物の静電気が起きるの，こうしたら起きないのよ，と言っ

てたのを，そんな事？　と思ってたけど，やってみたらね起きなかったのね」
〈なるほど！〉「前からすると心境の変化がおきたと思う」
「お鍋の底の事でもね，結局，人から褒めてもらうということで満足してたと思う．張りを感じていたと思う．それが結婚してからは全くないでしょう．やはり気持ちを変えないと治らないと思う」
〈変える前は億劫でしんどい，変えてしまえば霊験あらたか〉
「それをやりたくなかったのよ」
〈反抗期なのか，親が言ってもきかない，それが続いてた〉
「頑固な所があって，こって牛と言われていた．どうして今までこういう気持ちにならなかったのかね？　主人にも，そんな態度は捨てろと言われてね」
〈いかに自分は人の言う事を聞かなかったかという事が初めて分析しててつかめた〉
〈ところで主人がそんなに怒ったのは初めて？〉
「そう．けど，主人にがんがん言い返したんよ．言ったら猛烈に怒られると思ってたけど，そうでもなかった．怒っても機嫌は治すんだなと思った．──笑い──」
〈見捨てられなかった，おしまいにならなかった！〉「──笑い──」
「やっぱり言うべき事は，ちゃんと言ったらいいと思った」
「男の人は社会で苦労しているから頼りになるなと，いい事を言うなと思ったね．今までは聞き流していたけどね」
「つくづくイヤなことをしなきゃならないと分かったからね．変えたくないけど，変えなきゃいけないと．でも，症状をなくしたくない，何か物足りなくなって，慌てて取り返すんでないかというね．話が進むにつれて，逆に引っ張り返すんでないかという気が物凄くする．滝の流れに尻込みするというか，飛び降りるような気がして，止めとこうという気になる．今までと違う私になるわけでしょう．それが不安」
〈今までゆるゆる流れたり止まったりしてたのが，急流で滝になりそうな

と〉「——笑い——だから抵抗強いというか，症状をつかんでおきたいというか」
「心境の変化きたしても症状は一足飛びに治らない……」
〈そら当然ですよ．まだ半分もきていないんだから〉
「一足飛びに治らないからといって悲観しなくてもいいんですか？」

〔第21回〕
「この一週間，風邪ひいたり，何もしないでいると，少しましになるみたい．主人にお寿司を買ってきてもらったり．やっぱり機嫌悪いところもあるけどね．いちいち寿司買ってきてと電話してきて，と言って．向こうも押さえて言っているけど，いい加減怒っているなと分かる」
〈あなたも主人も自分の気持ちを押さえてと，互いに気を使っているね．他人行儀というか，似たもの夫婦ですね〉
「うん．ちょっと似てるみたいね，そういう所は」
〈あなたも言いたい事があっても言わない〉「黙っていれば波風立たなくてすむから．でも今度は言ってやろうと思う」
〈今まで言って波風立ったことあるの？〉「今までの習慣で何となく．言い返すのが面倒というか，しょぼんとなってしまうのね」
〈いつ頃からそんなふうに？〉「随分前から．幼稚園の頃でもね」
〈家の中では？〉「面と向かってはなかった．すぐ上の姉には意地悪された．でも，その姉は皆にだったからね．学校でも意地悪する子がいた」〈どんなふうに意地悪されてた？〉「何が直接的な原因か分からないんだけどね．担任の先生が依怙ひいきしていると言っていじめられた所も．それと虫が好かないという所もあったんやないかな．私が目立った所があったし」
〈出る釘は打たれるとか〉「委員長になったりね」
〈ところでこの頃，これを聞こうとか話そうという事はないのですか？〉
「最近，主人の態度が優しくなっちゃって，あまり，その，気にならなくなって……」

〈気を使わなくてよいと？〉「そう．一ケ月ほど前から．私に対して機嫌がいい．私が時々言い返す事あるでしょう．だからかも．怖がっているのかしら？　こんな事をしたら主人に嫌われるんでないかしらとあまり思わなくなった」

〔第22回〕
〈どうですか？〉「特別イヤなこともないし，憂鬱でもないし．毎日がつまらないと思うと憂鬱になっていたけど」
〈症状は？〉「同じ．歌に付随して似たような音の言葉がね．まだ渾名とかドロドロしたようなね，そういうようなの良くなってないみたい．こんな事を思ってはいけないと思っているのにね，それが浮かんでくる」〈押さえたら症状として出てくる．自分の気持ちの中でストレスとなる〉
〈そういう事を言ってはいけないと誰かに躾をされた？〉
「そう言われるとお婆ちゃんの事が浮かんでくる．陰であんな事を言ってお婆ちゃんが可哀想と痛切に感じて，皆と，気持ちの上で板挟みになってるみたい．お母さんが今でもお父さんやお嫁さんの事を言うとね，つい庇ってやりたくなる．余計な気を使っているという気がする」
〈で，言われたお婆さんやお父さんが可哀想と？〉
「何かの折りにお婆ちゃんのイヤな所が目につくと，物凄くがんと言いたくなる．けど，お母さんが言うのみると腹が立つ．とにかく母の態度に腹が立つのよね．母がよその人の話しするのもイヤだった．そんな事いってもお母さんだって，こんな事するじゃない！　とすぐ反抗して腹立っていた」
〈あなたは，そう思ってはいけないと思うから症状が出るのだけど，その一つの原因は，お母さんが何か言うとイヤだなあ，言わなきゃいいのにと思う，という事の中にあるようね〉
「お父さんに対する事が多いようだけど．母と一緒にいると今でもイライラする．頼る気にならない」
〈お母さんに関して何がイライラ，不満なの？〉

「繕い物なんかはちゃんとする．それは満足．細かい事はちゃんとしてくれる．けど……」

〈精神的なものかね？〉「そう．一人でどっこも行けないのよ．全く人に頼り切ってしまっている．子供みたい．こないだも私が何か不満を言っていたら母が，子供を連れて実家に帰ってくるか，と言う．それも本気で言う．自分の親ながらねえ！　父は理性的というか常識的な考えを持っているからいいけども．母は頼りないし，父は取っ付きにくいし，打ち明けて相談できる人がいなかった．自分一人で決めてやってた」

〈だから高校進学も就職も一人で決めてやった？〉

「そう．盲腸の手術も，今した方が得だと思ったからね，結婚する前にした」

〈母親が頼りないからとかいう事もあるかもしれないが，自分自身で勝手に決めてやる所があったんですね．我の強い所が〉「手っとり早いから」〈それだけでなく，我の強さとか頑固とか．自分で決める所があなた自身にある〉「今までの先生は，そんな事は言わなかったよ」

〈今までの先生に，そう指摘されなかった？〉「うん」

〈それは片手落ちとなるね．お父さんやお母さんとの関係を見ていく時でも，お父さん，お母さんはこうで，自分はこう，と両面から見ていかないと分からないわね．相手がそうだからというだけでなく，あなたの性格として自分で考えてやってしまう，という所があるわね〉

〔第23回〕

「ちょっと良いようだけど身体の具合が悪くて．胃の具合も悪いし，人込みの中で酔ったような感じで，船に乗った時のような感じで」

〈症状が減ると身体が悪くなってきた？〉

「朝起きるのもイヤだし，食事の用意もせんならんしイヤで．洗濯，掃除は好きだけど，ごちゃごちゃしたものを整理できるから，台所仕事はイヤ，細々した事はイヤで」

〈台所仕事は嫌いというのはお母さんに似ているね〉
「その他は似ていない」
〈お母さんが嫌いなのは人の悪口を言うから……〉
「そう．それら子供っぽい．私の方が引っ張るというか．私の事でも分かっていない．毎朝，わたしの事を仏さんに拝んでくれているけど．私の事を本当には分かっていない」
〈分かって欲しい？〉「そう．だから頼りない．何か言ったら，大丈夫よ大丈夫よと言う．今までは一時的に安心してたけど，最近は何となく根拠もなくそう言われると腹が立つ」
〈あなた，自分のノイローゼの事をお母さんに，どんなふうでどんなに苦しいか説明したの？〉「いいえ，恥ずかしいもの」
〈説明しないと分からないのに，自分が説明してない事をおいといて，分かってくれないと言っているね〉
「でも，話したって分からないも．母の人物そのものを信用していないから．身体の病気の事はよく言うけど」
〈お母さんにでも症状の事を言うのが恥ずかしい？〉
「小さい頃から身体の事は言ってたけど，精神的な事は誰にも打ち明けていない．苦手，恥ずかしい，照れ臭い」
〈あなた自身が照れ臭い？〉「そうそう．癖がついている．小さい時から」
〈身体はしょっちゅう？〉「ひどくないけど毎日だもの．一日中どうもなかった日は無かった．胃の調子が悪かったり，ふらふらしたり，ずーっと半病人」
〈というのは本当に悪くなかったという事？〉
「そうなのよ！ 結婚する前，大きな病院で調べてもらったら，どこも悪くなかった．神経質だからね，気が小さい，病気に対して」
〈この頃は？〉「同じ．ひどくなったみたい」
〈どうも身体が悪いのではなく，精神的なものを話さずに持っているものだから，身体の方に行くんですね〉
「そんな事あるんですか？」〈あるんですよ．心身症とかいってね〉

「打ち明けたらいいの？」〈それはケース・バイ・ケースで，時と所によりけりで，ここでは何でも言いましょう，ということですよ〉

「私が打ち明けたら，何かそんな事と言われそうな事ばかり言うから嫌われる．私の打ち明けている事は神経症の延長のような事ばかり言うからね．——笑い——」

〈だから，主人としては，しっかりしろ，という程度しか言えない．本当に言いたい事を言ったら分かってもらえるかもしれない．お母さんに対してもご主人に対しても同じようになっているんではないかな？〉

〈物分かりの良い優しいご主人なのでしょう．説明したら理解してくれるでしょう．小さい頃から言いたい事も言えずに毎日身体のあちこちが悪かったと．それが今も続いているんですね．ご主人とだけの問題ではない，小さい頃からの問題ですね〉

「言ったら自分が異常だという事が人にも分かるし，自分にもあらためて分かる．認めるのが怖い，だから黙っていた」

〈それと外にも原因あるかもしれんね．他にも言いにくかった事もあるかもしれんね．思い出してみてゆきましょう〉

「小さい時から人には言わないという癖がついているから．——笑い——」

〈そこを話せば堅い殻がはがれる．自由連想法だと頭に浮かんだ事はすべて話すというやり方ですからね〉

〔第24回〕
「やっぱり嫌われないか，というような気を使うね」
〈幼稚園の頃から気を使っていたからね〉
〈日常生活での物足りない，面白くない，とうのは？〉「それはない」〈平穏無事なわけ？〉「そう．何か知らないけどね．——笑い——」

「前は，横になったりしたら悪いような，遊んでいたら悪いような気がしてたけど，今は何も考えずに昼寝している」

〈症状の方は良く？〉「少しね．歌はまだ．それと歌詞に似た言葉も．でも，

調子の良い時は邪魔にならないからね」

「でも，先生，おかしいな？　と思ってはるんでしょう？　生活はどうてことないのに，どうして症状なくならないと思ってはるんでしょう？」〈ということは，先生はわけが分からなくなっているんと違うか？　と〉

「そう」〈で，よう治さないのと違うか？　と〉「そうそう．そういう事は思わないんですか？」

〈思わないね．要するに分析していけばいいので．あれやこれやとあなたの事を分析していけばいいんだから〉

「これまでの先生も首を傾げているようなことがあったからね」

〈まだ掘り下げ足りない〉「でも結局，家族の事にいくんでしょう？」〈根の所はね．今は二合目か三合目に着ている〉

「まだそれぐらい？」〈それでも大分楽になったでしょう？〉

「それはそうだけど」〈5〜6合目になれば，もっとずっと楽になるでしょうね．そこまで行くのは患者と分析者との努力ですよ〉

〈先生が，これ以上よう何もせんのやないか？　と言っているけど，自分自身これ以上分析を進めていくのがしんどい，イヤというのもありますね〉「そう．面倒臭いやないですか」

〈というより，今までの自分の殻から出たくないと，そういう事ね？〉「そうね」

〈イヤな事だから面倒臭い．治療にくるのも面倒臭い．話すのが恥ずかしいから物ぐさになる〉

「生れつきだからしょうがない．先生は何でも分析できると思ってられるようだけど．どうにもならないわ」

〈事柄によっては話すのに，生れつきだからしょうがないと言ったり．生れつきであろうがなかろうが，何がどうしてどうなっているのか，ということを明らかにしていくのが分析〉

「何でも人に恥ずかしがらずに相談できたらいいでしょうね．でも分析していくと，結局，自分の価値が下がるとか，そういう事になるでしょう？」

〈それもブレーキのかかる一つの要素になっているね．しかし，価値を計る物差しがあなたの物差しで計るから．その物差しをみていきましょう〉
「そうね．自分一人の頭で考えて……．渾名もそうね」
〈あなたの物差しに引っ掛かる事がね〉「それはそうとつくづく思うわ」「しかし，今の生活では何か足りない，抜けている．穴があいているというか．他に何かしないと．今，機械編みしているけど，それが終わったら，次何かする事が決まっていたらいいけど……．これといった責任ある仕事がない．手持ち無沙汰ということになると困る」
〈人生，生きていく上で．どうしたいという欲求は，人によって違う．それは神経症的問題と人生そのものが持っている問題と，両方が絡んでいるわね．分析は神経症的な問題が解決すればよろしいとしてやっている．そこら辺がはっきりしたらモヤモヤはなくなって考えることができるようになるでしょう．足りないというのも案外8割位は神経症的なものかもね〉「そうねえ，家事以外の事がなくても平気でいられるといいんだけどね」「今，何か言おうとしたんだけど，何かな？」「大した事ではなかったんだけど……」「老化現象かな？」
「私ね，人を笑わせるの好きなのよ」
〈それは初めて聞くね〉「だからね，人が集まった時に，お正月とかね，目立った事を言って笑わせて満足しているのよ」
〈なるほど．皆を笑わせると満足と〉「小さい時からね．一番下だったし，可愛いなと」
〈そういう才能があった〉「そう．ひょうきんな所があったねよ」
〈なるほど．あなたの性格ならそうでしょうね．人に気を使って自分を押さえる所があるかと思うと，反面，目立つ事をする．気が弱くて引っ込み思案なと頃があるかと思うと，反面，気が強くて我を張る，というようにね〉

〔第25回〕
〈どうですか？〉「胃の薬飲んだ方がいいというので飲んでいる．調子いい．

症状の方も減っている．家事以外何もしていない．胃を徹底的に治そうと思ってね．ゴロゴロしている」

〈編み物もしていない？〉「うん」

〈編み物すると胃に応える？〉「そうね」

〈目標，する事なくても調子はいいのね？〉「今は胃がよくなるまではと思っているからね」

「でもあまり大それた事は前ほどは考えない．家事も大事だと思いだしたし．前は洋裁でも習って人のものが縫える位にと考えたけど，そんな大層なことはもう……，きついからね．——笑い——子供が幼稚園に行きだしたら送り迎えなども結構忙しいだろうし」

〈わりと物ぐさな所があるね〉「私，物ぐさ．繕いでも，ちょこちょことやって見掛けだけ直す．母なんかは元からやり直すけどね」

「主人にやっぱり気を使うね．子供に早く早くと言っていると，主人に，また，そんなこと言って！ と言われる．段々そんな事が積み重なって嫌われるんでないかと．何故，気にいられなかったらいけないのかね？」

〈で，しまいに捨てられるんでないかとか？〉「そう．深刻にではないけど」

〈嫌われないようにというのは，結婚前は誰に？〉「上司に」

〈その前は？〉「友達ねえ」

〈家族の中では？〉「嫌われないようにする必要なかったみたいよ．末っ子だから可愛いがられていたし」

〈そうすると，家の中では気を使わなくてもよかった，外へ出ると友達にいじめられたり嫌われたりでショックとなったのかね？〉「そうだわね」

〈友達から嫌われたのか，意地悪されたのか，どちらかね？〉

「小学校5～6年頃，ボスがいて私を目の仇にして……」

〈嫌われたというより，目の仇にされたと〉

「私は陰では誰，彼を自分の方に引き付けたりして，逆にその人を仲間外れにしようとしたり．悔しかったから」

〈あ，そうか，嫌われたのとちょっと違うのね〉

「私が面白い事を言ったり好かれるような事を言ったら，よかったのと違う？」

〈そうしたら相手が遊ぼうと？〉「私に面白味がでるとね」

〈相手の注意を引く，機嫌をよくしようとすると？〉「そうだわね」

〈相手を笑わす面白がらす，というのは，自分が目立つ，相手の機嫌をとる，その両方かね？〉「お菓子を買って，あげたり．株を上げようと思って．内心，憎たらしくてしょうがなかったけどね．その人が休んでいるとホッとしてた．中学になったら，また，別の人が現れて」

「私は性格的に人から嫌われてたのではないと思う．自分では．皆から疎外されるのはイヤという所はあったけど」

〈嫌われるというより，より人気があるように人の機嫌をとったりとかね〉

「いつも同じで．勤めてからも一緒．上司，嫌いな人でも，自分の事を渾名で呼ばれたら物凄く嬉しくて，名字で呼ばれたらがっくりして，一喜一憂してた．一級上の人が可愛いがられていたので必死で頑張ってた」

〈嫌われる？　というより，好かれたい，とね〉「そうなのよ！」

「そうなのよ！　嫌いな人からでも好かれたい．皆から．この人は嫌いだからと割り切るわけにはいかない」

〈好かれないと困る？　いい子でちやほやされて目立って？〉

「だからいつも頑張っている所がある」

〈だから緊張したり疲れたり〉「そう言われてみると，そうね」

「家族でも？」〈他の兄弟よりも以上にやって，賢い賢いと言ってもらって〉「そうそう．普通にやってれば嫌われるということもないのにね．どうしてこう……．——笑い——」

〈辿っていくと，もともと，兄弟との競争心から．それから，友達，上司と．分析してみれば，友達関係になってからと言っていたけど，見ていくと家族の中でもやってた．家族の話になるとイヤがっていたけどね〉「とりあえず主人に，そんなに気を使わずにいたい．もう行き着く所までいったわけでしょ！　何故治らないの！」

〈まだ他にも問題があるんでしょうね．それに分かったといっても何回もみてみないとね．何事でも何回も練習しないと身につかない，というのとおなじでね〉「そしたら何年かかるか分からないわね！」

〈そんな事ないでしょう．現に少しは良くなってきているでしょう？〉

〔第26回〕

〈どうですか？〉「もう一人赤ちゃん欲しい，調子が良いと，好きだから．私も主人も．まだ30前だし，まだ好きな事をする年でもないしね．子供が二人大きくなったらね．とにかくもう一人産まないことには本腰いれてやるという事にならない」

〈何をするの？〉「後はPTAに行ったりして．私もう，それでいいわ，いいと思うようになった．前はね，人間て，こんな事で満足するのかしらと思っていたけどね．最近は平凡でいいわとね．皆，周りの奥さん見たらね．もう一人子供ができたら，もういいわ」

「治療はいつ頃までかかるでしょうか？」

〈そうね，3月か半年か，も少しかかるかもね〉

「私は，もう抵抗しませんから，私はもういいですよ．もう反抗しませんから」

〈反抗したい気持ちがあれば出さないとね〉

「今までの先生と，先生のやり方は違う，徹底しているもの．なるほどとうなずけるからね．だから信用できるのよ」

「嬉しくて嬉しくて，もう一人できる可能性できたから．今までは，こういう気持ちになったことない．まだまだ夢みたいな話と思っていたからね」

〈治療の見通しが立たなかったから？〉「そう．実感として，そんな気持ちになった事なかったのよ．人並みに2～3人つくりたい」

〈人並みではいけなかったのに？〉「——笑い——」

〈でも，他の点でも今は人並みでいいとなってきた？〉

「そう．これで当たり前やないかと思う，普通は」

〈あなたの物足りなさは主に神経症的な所から来ていたようですね．神経症的な所が減ると，物足りなさも減ってきた〉

「全体として主人から愛されていると思うけど，部分部分では嫌われていると思う．神経が小さくて，あちこち悪くなったり．泣き言いったりするし．明るく振る舞うと好かれる．子供にヒステリックに言うと嫌われる．嫌われそうな事を言う時，気兼ねしている．主人は底抜けに明るい性格だから，それに合わそうとするとしんどい」

〈で，ぶすっとしていると機嫌が悪いの？〉「いいえ．今まで，主人との間のこと，言いたい事が言えないという程度しか気付いていなかったけどこんなに主人との間でしんどい気遣いしているとは思わなかった．漠然とは分かっていたけどね．言いたい事を言おう言おうと，それが中心的な問題と思っていた」

〈このように，あれこれと気付いてつかめてくると，何となく症状が軽くなるでしょう？〉「何となくというの嫌い」

〈わけが分かりながら良くなりたいわけ？〉「そう．それが性分に合う」〈理屈が分るよりも，まず，治った方がいいでしょう？〉「そうなのよ」〈今までの治療では理屈が多かったということですね〉「そうなのよ」「主人が一生懸命，本を読んだり新聞読んだりしている時にひっついたらうるさいと言われる．甘えたいなと思うんだけど……」

〈主人が何かしている時にひっついたらうるさがられた．それで，ひっついたら嫌われると決めてしまう〉

「そんなものかしら？　何もしてない時でも嫌われないかと思ってしまう」〈そう！　そういう判断の仕方をする！　感じ方をする！〉

「何故，先生そんな所を重点的に言うの？」

〈あなたの感じ方，判断の仕方に問題があるから〉

「何もしてない時は，もたれても，どうもない？　本当かしら？　怖いわ，そんな事したら」

〈何故，まずかったのかも考えずにね〉「すぐにびくつくのよ」

〈いじめっ子にちょっと下手をするとやられた．主人に対しても，それと同じになっている．それと，主人が何かしている時にもたれるとイヤがられた，そしたら，いつでももたれるとイヤがられると思ってしまう．そういう癖というか……〉「そう言われたら，そうね……」

〈何回も説明しないと分からないというのは，それだけ身に付いてしまっているという事で．気付かずに知らず知らずにやっている．そこを見ていってつかみましょう，というのが精神分析〉

「それは分かったけど……．主人に何か言われるとすぐに緊張する．何故かね？」

〈小さい頃から，びくつく条件にあったわけで，それを解きほぐすしかない．何回も思い出してみること〉

「現在の事ばかり言っても……？」

〈そう．しかし，現在の事も何がどうなっているのか，よく見てみないとね．そして，それは過去にどうなっていたのか，と辿っていく．過去に根がある場合，今の事ばかり言って，それをどうしたらいいか，といっていても埒があかない〉「そうやね」

〈これまでの治療では，今どうしたらいい!?　とあなたが言うものだから，ついそれに引っ張られて，治療が進まなかったんでしょうね〉

「先生えらいね．こんな私みたいな者を」

〈偉いというより，人間存在分析というのは，大体こういうふうにやるもので．ところで，小さい頃，お父さんがよく抱っこしてくれたりとか？〉

「よく可愛いがってくれたわ」

〈だから主人にでもべたべたしたくなる〉

「父とは小学4～5年まで一緒に寝てた．母のおっぱいも幼稚園まで飲んでた」

〈なるほど，そんなふうに甘やかされていた．それが身に付いてしまっている〉

〔第27回〕

〈どうですか？〉「大分いいです．歌やメロディーもあまり浮かばないし浮かんでも軽い．言葉もほとんど浮かばない」

「早く子供が欲しいと思う．手持ち無沙汰やから．それと親子共々一人では寂しくてね」

〈実家に帰ってて，どうだった？〉

「実家では，あれやこれや諍いしてるからね．私だけは諍いせんようにと配慮してたみたいね．私，腹が立たないようにしているのか，立たないのか分からないけどね．どこかで伸び伸びしてない所があるわね．いつもイヤだなと思っている，こんな家庭は．もうちょっと円満にいかないものかしらと思って」

〈誰か彼かが？　小さい頃から？〉「お婆さんが死んでも，お父さんはぶすっとしているし．お母さんとも気が向いた時は喋るけど，そうでない時はしかめ面しているし．父が一番責任があると思う．だから私みたいな犠牲者がでたと思う」

〈だから家族の事に触れられると，関係ないでしょう！　と反発してたと．主人とでも，事を起こすまいと．下手に起こすとしこりが残るからと？〉

「そう．でも，こんな事言ってると愚痴をいっているような気がする」〈そんな事ないですよ．それこそ治療の一部でしょう！〉

「一人一人挙げてみたら好きなんだけど，嫌でしょうがない所と交錯しているのよ．誰が悪いんだか，そう思う私が悪いのか，何となく気持ちの整理がつかない．どうなっているのかよく分からない」

〈愛と憎しみの交錯〉「そうなのよ！　母が人の事をごちゃごちゃ言うとね，何ともいえない気持ちになる．お父さんぶすっとしているけどあっちの方は強かったとか．そんなの聞くのイヤなのよ」

〈家に帰ると誰が悪いんだか分からないと．釈然としないと〉

「話はそこで終わりになるんではないかと……」

〈治療がね，分析が行き詰まるんではないかと？〉「——笑い——」

「この治療よく理解してないからね」

〈というより，何か不安があるね．むしろ，あなたの気持ちが行き詰まっているという事でしょうね〉「そうやね．やっぱり」

〈これ以上，掘り下げて見るのイヤと〉

「ここまで来たらイヤと思わないですよ．早く解明したいと思っているもの」〈では，さらに進めましょう．どうなっているか分からないと言っている所をどうなっているのか見て行きましょう〉

「思い出す事が無いような気がする．──笑い──」

「イヤな雰囲気になると居たたまれなくなるのよね．自分で自分が可哀想になることある．何故，自分が自分の胸を痛めなきゃいけないのかと思う」

〈いつ頃から？〉

「こういうふうな治療を始めてからやね．でも，おかしい事に学校からでも早く家へ帰りたかった」

〈学校は学校で，また，楽しくない所でしょう？〉「そうなのよ！　ねえ！」〈今は，あれやこれや主人に気を使っているけど，主婦としての仕事はしているんでしょう？〉

「それ以上の事を望んでいると思う．だって，主人は初めから共働きのほうがいいと言ってた．いつまでも，そのほうが若くていいと．それと家を建てたいと言ってるし，私が働かないといけないかと．お花を習うのでも遠慮したり．気の使い過ぎだわ．だから胃が悪くなる．お金を稼げたら，もっと主人の前でも堂々としておれると思う」

〔第28回〕

〈どうですか？〉「前は昼寝できなかったけど，平気でできる」

〈長年，昼寝していなかったので，それが出てきた？〉「──笑い──」

「私，先生に聞こうと思っていたんだけど．男の人ったら，しつこく聞くといやがる所があるの？　うちの主人特にそんな所がある．聞かない方がいいのか，聞いた方がいいのか，どうしたらいいんですか？」

〈その時の状況によって違うから．一概には言えないね．治療が進めば，その場その場で自然に適当な態度がとれるようになりますよ〉

〈昼寝したいんだけど，どうしたらいい？　と聞かれても，言いようがない．だけどあれこれ見ていっているうちに自然に昼寝できるようになったでしょう？〉「そうね．——笑い——」

〈主人との間で不安，気兼ねなどがある．それを何回も見ていって，どうなっているのか分かっていったら段々に自然な態度がとれるようになる〉

「でも，何回でも不安がある．そんな事，塵も積もれば，と思って」

〈主人は優しい理解のある人だというのにね〉

「いっつも何だかんだと言っているけど，少しも良くならないわね！　この前の両親の事とかと関係あるんかね！　それなら大体もう分かっているじゃないですか！」

〈そう．大体は分かった．だからそれを次にもっと具体的に見て行きましょう，大体でなしに〉「分かっているのに治らないから悔しい」

〈せっかちの悔しがり？〉「そうね．——笑い——」

〈普段はどう出る？　その点は？〉「やっぱり何でも早めにやる」

〈悔しいのは？〉「後々まで悔しがる．思い切りが悪い．何年もたったのが，まだ悔しいというにがある」

〈しつこい，執念深いね〉「そう．言いたくても言ってないから，そうなのよ！　諦めが悪い所があるわね」

〈しつこい，執念深いと言われていた？〉

「強情と言われていた．結局，自分の言い出した事，我を通すのよね」〈主人との関係で強情さ出ない？〉

「怖い．とにかく反射的にビクッとする．理屈やなしに」

〈誰に対して，そんなふうになっていたかね？〉「友達にかしら……」

〈主人に対して，夫婦というより，友達に対してというのと同じような気持ちになるのかね？〉

「他人やから，いつぽっとされるか分からないからね．末永く何十年も一

緒に暮らさんならんのに．しょっちゅう，怒らしてばかりいたら．私が本当にばっばっと言ったら怖いよ，しつこいしね．物凄く念をおさぬと気が済まない所があるのよ．そういう面も見せたら嫌われると思うから．だから，もう，いやらしいわね．自分でもそう思う」

〈主人もぶつぶつ言って，あなたに直接言わない？〉

「そう．言ってくれたらいいのに」

〈そしたら，主人の方も，あなたが言ってくれたらいいのにと思ってない？〉「性格が違うから．それに私もいざ言われると怖いし．嫌われたらイヤだから言い訳して……」

〈でないと関係がこじれて悪くなるだろうと？〉「そう」

〈家族との関係では，そういう形では気を使わなかったと．しかし，お婆さんとお母さんとかお父さんとか，ごたごたやっているとか．あなたはそれを見てて，自分はあんなふうにならないようにしようと感じてきたわね．そういうのをイヤというほど見てきた〉「うん」

〈お父さんが機嫌をわるくして，ものも言わないとか，そんなのを見ていると人間関係に敏感になってくる．皆が円満に仲良くやっていたら，あなたがそんなに気を使わなかったかもしれない〉「そうなのよ！」

〈だから主人に対しても反射的に気を使ったり遠慮したり．それにお父さんとお母さんの夫婦関係うまくいってなかったんでしょうね〉

「父と母の感情の交流なんか全然なかったもん！　全然，和気あいあいと話してた事，見たことないもの」

〈だから夫婦関係に自信が持てない〉

「私と主人の関係に無理に結び付けてるみたい……」

〈お父さんとお母さんの夫婦関係がうまくいっていると，夫婦って，ああいうふうにいくんだなと思える〉「先生の言われるのは分かる」

「でも，それが原因のすべてと言われるんですか！」

〈いや，これも一つの原因ですね，と〉「それならいいですけど……」〈そんなふうに家族の事がテーマになると，感情が高ぶりますね！〉

「そんなはずない，もう済んだ……」

〔第29回〕
この頃，分析者が多忙だったため疲れていて，もたもたして，話の流れが停滞気味．こういった場合，自由連想法の方がやりやすい．

〈この一週間，何かありましたか？〉
「先生が聞いてくれないと．私に任しとくより自分が聞いていった方が能率がよいと言ってられたでしょう？」
〈せっかちな所，誰に対して出てた？〉
「母に対してね．父とよく似ていると言われてた．主人には，そんな所は出せない」
「関係ないと思うけど，社宅に私の苦手なタイプの奥さんが居てね．主人の上役の奥さん」
〈上役の奥さんだから？ それとも性格が？〉「両方．何か，その人が話していると入りこめない．話したくないのよ」
〈拒絶の気持ち？〉「何か，取っ付きにくいのよ．他の人といつも騒いで．いまいましく感じる」
〈他の人と話していると？〉「腹が立つ」
〈ヤキモチなんかね？〉「そうね．私，ヤキモチ．嫌いな人でも，その人が私に関心を持ってくれないとイヤなのよ．八方美人的な人は嫌いなのよ」
〈その人が他の人と嬉しそうに話しているとヤキモチ，八方美人め，と．自分とだけ親しくしてくれるのならいいけど？〉
「そう．そうなのよ！——笑い——小さい頃から．近所の子でいい格好している子を父がだっこしたのを見て，すごく腹立ったのよ」
「こういう嫉妬の念とかは治療に関係ないと思う」
〈症状に関係ある事だと治療に関係あると思う〉「そうそう」
「何かこういう事を話すと時間が勿体ない」

〈それは逆．症状の事なんか話していると時間の無駄．それを今までやってきたでしょう！〉「そうね．――笑い――この調子でいくと何年たっても良くならないわ」

〈およそ6割ほど良くなったと言ってたでしょう？〉

「私はどうしてこうせっかちなのかね」

〔第30回〕

「社宅へ来てから，社宅の子が遊びにくると緊張する」

〈何にそんなに緊張するの？〉

「凄く興味をそそられる．どこそこの子だなと．ちゃんと扱ってやらないと機嫌を悪くして帰ってしまうんではないかと」

〈ふーん．主人だけでなく誰にでも相手が機嫌を悪くしないかと？〉「あ，それに，退屈させたらいけないと思うとね．退屈させたら，つまらない人だなと，いつも引き付けておきたいというね」

〈退屈させたり，つまらないと，自分がつまらない人間となると．魅力がなかったとか？〉「そうね」

〈こうして見てくると何故緊張するのかという事が分かってくるわね〉

「そんな事を何回も何回も？」

〈そうね．必要以上に引っ掛かるわけでしょう？　引っ掛からなければ楽になるわけでしょう？〉

「そうなってしまうんだから，しょうがないでしょう！」

〈どうしてそんなふうに引っ掛かるのか見ていけば，ああ，そうかとなって，ただ，しょうがない！　というだけではなくなるでしょう．この前の上役の奥さんの件でも，ただイヤだというのではなくて，見てみれば，その奥さんが自分だけに関心を持ってくれるのでなく八方美人で誰にでも親しくする，他の人と話しているとヤキモチが焼けてくる腹が立ってくるという事だったわね．それは小さい頃にお父さんが自分以外の近所の子を抱っこするとヤキモチ焼いて，すごく腹を立てていたのと一緒の現象だわね〉

「嫉妬深いとか，これはもうどうにもならないわ」

〈なんともならない事はないでしょう．例えば，ヤキモチを焼くような子供っぽい気持ちが残っているからでしょう？〉

「どうしたら卒業できるの？」

〈何回も見ていくとね〉「そうすると，切りがないじゃないですか！」〈すぐに切りがないじゃないですか！　と．問題が出てくると，もう大変だ，とへたりこむ．マラソンしててペタンと座りこんでしまうように〉

「そうなのよ！　私いつもそうなのよ」

〈いろんな形でこうなる．しんどいとか，そんなこと関係ないでしょう，とか言って治療を〉「だって，でも，しょうがない．今まで，そんなこと言われた事ないも……」

〈だから肝心の事をほっといて他の事をごたごた言ってても治療が進まなかった．いろいろたくさんあってと言われるが，そんなに限りなくというのではなく，同じようなことが多いでしょう？　例えば，他の子供がくると気を使ってしまうというのは，自分がつまらない人間でないよう．主人に対しては，ちゃんと褒められるような人間に．会社に勤めてる時も，上司に気に入られ認められる人間であるように．と，すべて一緒でしょう？〉

「そうね」

「上役の奥さん私とべちゃくちゃ喋っていたのね．二日後に私とAさんと二人で話している所へやって来て，私がいるのにAさんと服を見せて二人で喋っているのね．私なら三人で話すのに．その時は腹立たなかったけど，半日程たってから腹が立って」

〈後で腹が立つ，それがあなたの特徴ですね．その時は腹が立つ気持ちを押さえて一生懸命にやっている．時間がたつとゆとりが出てきて押さえていた気持ちが浮かんでくるという事ですね〉

「学生時代からそう．家へ帰ってからガーンと」「こんな事も私の病気に関係あるの？」

〈それは関係ある．あなたの性格が関係している．直接，間接，全部関係

してくる〉

〔第31回〕
〈どうです？〉「また少し良くなった．とにかく観念してやらなきゃしょうがないと思っているから」

〈で，この一週間，何か？〉「ちょっとした事だけど，主人の帰りが遅いからね．何か言ってやりたいんだけど，言ったら悪いんだろうなと遠慮している．今頃，遅いね，と言う」

〈遠慮しながら？〉「うん．もう少し聞いてやりたいと思うんだけどね」
〈浮気とかしてないかとか？〉「それはない．全然ない」

〈それでは何が聞きたいの？〉「どういう理由で遅くなるかが聞きたいわけ．仕事の内容のどういう所で遅くなるか聞きたいわけ」

〈そこが知りたい？〉「会社で仕事しているのは間違いないんだけど．何か癪にさわるから聞いてやりたい」

〈結局，癪にさわるから！　あなたの気持ちを聞こうとすると何回も何回も聞かないと本音が出てこない．他の理屈や事柄を言ってね〉

「いろいろ聞いてもらわないと自分でも分からないのよ．とにかく遅くなられるのが癪にさわるのよ」

〈最初，私が聞いたとき，癪にさわるからと分からなかった？〉
「先生わかっていると思って．見当つくでしょう？」

〈分からないね，それは，聞かないと．あなたが言ってくれないと．あなたはよく，皆そうでしょう，とか，誰でもでしょう，とか言うがね．皆であろうが誰でもであろうが，とにかく，あなたがどうなのか？　という事を見ていこうとしているのだからね〉

「それと，ちょっと，やっぱり話しにくい．——笑い——」
〈思い切って言わないと，治療がそこで引っ掛かる〉
「別に，これ言っても大した事ない．言いにくい」
〈何ですか！〉「あまり主人が構ってくれないと物凄く気になる」

〈夫婦生活で主人が求める回数が少ないと，という事？〉
「忙しくて構ってくれないとイライラする．ムズムズするのではなく．腹が立つ」
〈欲求不満ででなく，構ってくれないというので腹が立つの？〉
「週刊誌なんか読むと，週に何回とか書いてある」
〈それは生理的な欲求というか回数の事でしょう？〉
「回数と愛情とは必ずしも平行とは思わないけど，キチッとやって欲しい．人並みにやって欲しい．それが無いと，今日もダメだったかとガックリ．腹が立ってくる．回数にこだわる．内容はともかくとして．いっそ，こんな事なければいいのにね．愛情の証の一つだと確信しているから」
〈内容はどうでもいい？〉「主人は満足しているから，それでいい」
〈自分は満足しなくても？〉「質だから仕方ない．不感症みたいな質でないかなと思う．それに相手がぶきっちょだからね」
〈こうして言ってしまえば，言えるでしょう？〉「そうね」
〈成熟した人は本番で最も高まって満足となると言われているけど，あなたの場合は構ってくれるという事の方にウエイトがかかっている？〉
「とにかく前の段階で構ってもらったという事になるから」
〈直接触れないと満足しない？〉「そう．この話そんなに重大かしら？」
〈これも大事なわけ．ご主人との関係のあり方が性生活の面にも現れるからね〉
「肝心な所で感じないのは，私なりの理由があるのよ」
〈そろそろ時間ですから，この次，その話をしましょう〉
〈今までの分析者にも話した？〉「いいえ」
〈今日，思い切って話したから話す気になった．あなたにとって性的な事は大事なこと．浮かぶ事も性的な事が多いんでしょう？　家族の事もだけど．それと，性的な事と家族の事と絡んでいるかもしれないわね．例えば，一緒に寝ないと満足しない，というのも，小学校4～5年までお父さんと一緒に寝てたという事と関連しているかもしれないわね〉

〔第32回〕
〈今日はテーマ決まっているから早速〉
「先週土曜日から主人休んでいるし，あれこれ整理癖がでて，どうして良くならないかとか思ってると，胃が痛くなってきて．身体の具合が良いと症状の事が気になるし」
〈前置きはこれ位にして，本番にはいりましょう．感じない理由〉
「いや……，その……，小さい頃から，あの……，私……」
〈感じない理由でしょ？〉「言いたくない．関係ない」
〈関係あります〉〈言わないと治療が進まないでしょう？〉
「よく男性がやるでしょう？」
〈それをやり過ぎたから感じないんやないかと？〉「そう」
〈いつから？〉「小学校6年から」
〈結婚するまで？〉「結婚してからも」
〈そっちの方が〉「その方がいいから」〈なるほどねえ〉
〈自分一人の方が楽しいという癖がついてしまっているからね〉
〈小学校5年までお父さんと一緒に寝てたと言ってたけど？〉
〈男の人と男女でエンジョイする所までいっていない〉

〔第33回〕
「社宅も何か面白くないからね．特別親しい友達もないしね．最近は何かやりだすと，すぐ眠くなって．暇さえあればゴロッと寝ていたい．犬みたいに．何か楽しみを見付ければいいんだけどね」
「近くの奥さんでも，私と親しくしてたかと思うと，他の奥さんとも親しくしているしね．自分とだけでないからね．ひがみっぽいのか」
〈自分だけでないと気にいらない？〉
〈皆が楽しそうにしていると腹が立つ？〉
「そう．私，あまり人とわさわさ言うの好きでない．入りたくないけど，

入りたくもあり．小さい頃から他人とより家庭で兄弟とトランプとか何かしている方がいい．だから心を許す親友とかはいない．何か気を使うのが面倒くさいのね．兄弟いるから友達は別に必要ないのね．そのくせ自分だけ仲間はずれにされると悔しいのね」

〈何でも自分の思う通りにならないと面白くない，気に入らない〉

「そうね．──笑い──やっぱり自分が末っ子で育っているから」

〈自分がチヤホヤされたり可愛いがられたりしないと〉

「そうでしょ．今でも両親共，私が一番可愛いよう．いわゆるお利口さんでね，よくできてるらしい．私，両親に一番優しいし思いやりがあると皆に言われている．兄弟とも喧嘩しないし．優しいと思われているから期待を裏切らないように言えなくなる．

小さい頃からしっかりしている，頼れるとかね．友達の親でもね，私とだったら何処へ行ってもいいとか．何となく嬉しいような，ちょっと，しんどいような．期待を裏切ったらいかん，相手を失望させたらいかん，というふうになるのね．だから主人に対しても，こんな女だったのかと失望されてしまうと困る」

〈ずっとそんな調子でやってきたから自然にいかない，言動をコントロールしていると〉

「私は心に思っている事を言葉で言うのが苦手，感情的な面ではね．だから楽しい事，嬉しい事は言えるけど，怒り，悲しみ，辛い時に頼むとか，打ち明けるとか，小さい頃からしてきていない」

「母には怒る事はポンポン言ってたけど，その他の事は言ってない．だから赤の他人の主人には言えない．心と心がつながるというような事を，やってきてない」

〈お母さんに打ち明け話をするような事はなかった？〉「全然ない」〈お父さんとは，もっと距離？〉「そう．家で話すような人ではなかったからね．もうちょっと，思っている事を口に出して言えたらいいなと，いつも思う」

〈親とでも，そうだからね〉「私，寂しくてしようがなかったけど，主人に

寂しいとか言って泣いたこともないし．照れ臭いとか，その他でね．我慢していたというか．泣かずにいるのが当たり前と思っていたからね．それに症状がひどかったし」

〈照れ臭い思いを何回もしてきたのではないかね〉「そうそう」

〈何か感じても，それを言うのが恥ずかしい照れ臭いという経験がね〉〈照れ臭いというのは恥ずかしいプラス何か？〉「格好悪いとかですか？」〈うん．格好悪いとか照れ臭さを感じる場面は？〉

「やっぱり病気の事を打ち明けたり，分かってもらいたいけど照れ臭い．特に症状の事になったら絶対に言いたくない」

〈一番，照れ臭い，恥ずかしい事が症状に出てきよるわけやね〉「うん」
「今日は恥ずかしいと思って来た」

〔第34回〕

〈どうですか？〉「いいです」

「でもね，テレビで出てくる言葉が出てくることがある」

〈どんな言葉？〉「言いにくい」

〈一応テレビで話される言葉でしょう？〉

「それでも身内の人間にだったら言えるけど先生や主人には言いにくい」

〈思い切って言ってしまったら治療が早くなるという事でしょう．治療であなたが努力，頑張らなければならないのは，そこだけでしょう〉

〈こういう事柄と間接にでも言ったら？〉

「男の人の……．男の人の事」

以上のようなやり取りの後，間接的な表現ながら一通り，分析者に分かるようには語っている．そして父親と分析者に対して性的な言葉が浮かんで困るという事が述べられた．

「今度，また，6月になると父が来ると言っている．来たらまた父の渾名

が浮かんでこないかと気になる」

　ここで父親に関して性的に揶揄する言葉が浮かぶ事が，やっと語られた．

　〈これまで，症状の事を話しながら，その言葉の事を話してない！　肝心の事を避けて，他の事をグルグル言っている．それでは，やはり治療が進まない．だから，言いにくくても肝心の事を話していきましょう〉「言わないといけないかね？」
　〈言いにくくても言いましょう．でないと治らないでしょう？　一番言いにくい事が，一番引っ掛かっている事でしょう？〉
　〈自分の中の事を言うのが恥ずかしいというの，小さい頃からかね．お母さんにでも打ち明け話しするのがしにくかったと？〉
　「そう．自分で自分が異常だという事を再確認する事になるような気がするから．打ち明ける事自体が異常みたいな，普通の人と違うんじゃなかろうかと思っていたみたい」

〔第35回〕
　来院したが，気分が悪い，吐き気がする，とのことで，そのまま帰る．父親が滞在して帰った翌日である．

〔第36回〕
　「ずーっと胃の具合が悪い．全然，食欲ない．6月の初めから」
　〈今まで，今まで胃痛・吐き気していたのは，どういう時？〉
　「やっぱり人前で緊張したときとか……」
　〈やっぱり神経を使った時やね．胃の他は？〉
　「別にどこもどうもない．言葉は増えないしね．減ったというより胃の方が先決で全然気にしない」
　〈身体が悪くなると精神的な方は問題にならない〉「そう」

〈逆に，小さい頃，打ち明け話できないという状態では，身体が絶えずあちこち悪かった〉
「そんなに打ち明け話しないと，そんなになるの？」
〈そんなものですよ．もの言わざるは腹ふくるる業，とね〉
〈今までより，もっと言いにくい事がある？〉「うん」
〈何？　誰に関係？〉「テレビで見たような事」
〈そう．テレビで見た事が一番言いにくいんだと，で，話を進めていったらいい〉「どうして父の渾名の事きかないんですか？」
〈今，テレビの方の事を言っているのではないですか？　では，それは次に廻して，お父さんの事から見ていきましょうか〉
「父の事は，こないだ言ったのと同じ事」
〈あの程度で，大体言ってしまったと？〉「そう」
「父が去年来た時より，今年来た時の方が言葉が浮かぶのが少ない」
〈今年？〉「6月3日から9日まで．父が来た日から全然喉を通らなくなった．それから本格的に食欲ないなと思う」
〈お父さんが関係？〉「でも帰っても，まだ……」
〈何日間かは尾を引くでしょう〉

　その後，テレビで話されていた性的な言葉が浮かぶという事が分析者とのやり取りの中で一通り話されている．

〈上に置いとこうとするとかえって逆の事が浮かぶ．上だけどもくだらない所があるじゃないかと？〉
「そういう所が無いと思いたい．打ち消したいわけ」
〈打ち消したいと思うと，かえって出てくる．こだわっているから余計に〉
「何故，打ち消したいか，そこが問題」
〈それは，例えば，お父さんとお母さんがセックスするなんて思いたくない，考えたくない，打ち消したい，とか．上のものとして置いておきたいも

のを，くさす，やっつける，馬鹿にする，とやってたわね〉

「大元はそこですか？　根本は？」

〈そう．他に無いでしょう⁉〉「そうね」

〈大元はこの二つで，それからアレコレ枝葉が出ているようなものでしょうね〉「でも，高尚な人に下品な言葉を結び付けるとか，どうしたら解決？」

〈どういう所から，高尚なものにケチを付けるようになったのか，を見ていけばいいわけでしょう？〉

〈話は煮詰まってきている．家族の中心人物と結び付いてる！〉

〈今日は胸突き三寸，やっと峠を越した〉

「先生はこの病院から動かないですか？」

〈動かないですよ〉「よかった」

〔第37回〕

〈どうです？〉「大分，調子いい．吐き気も無くなったし，症状も大分いいです」

「今ふと思ったんだけどね．——笑い——」

〈何？　私の事？〉「そうね．——笑い——あの……，先生の服装を気にする，私」

〈どんなふうに？〉「ちょっといいのを着てはると，ほっとするし，もさもさしたものを着ていられると，何か……．気の毒だな，みたいに思う．思うまいと思ったりね」

〈もさもさしていると貧乏臭いとか？〉「そう」

「私いつも男の人の服装とかネクタイとかを見る方．同じネクタイをしているとアラ！　と……」

〈気の毒になる？〉「——笑い——それに，奥さんに構ってもらってないなと．可哀想だなと．あまり買ってあげてないのかなと思うことある」

〈ところで，家族の4人の男性は？〉「全部ちゃんとした服装してた」「服装に限った問題ではない．だからね．病院の職員食堂の安いメニュー見ると，

あら，先生がここを利用しているのかしら，と思うと心苦しくなる．気の毒だから心苦しくなる」

〈自分が気の毒な状態になった事とか引け目を感じた事があるかね？〉

「ある．私はいつも服装とか．いつも家があまり裕福でなかったから，お下がりばかりでね．制服の時はいいけど．友達の所へ遊びに行く時なんかは服装に関しては引け目を感じていた」

〈なるほど〉「物凄くイヤだった．お下がりだから大きさが違うでしょう？本当，私，服を買ってもらった事がなかった」

〈やっぱりあなた自身，服装に引っ掛かる気持ちがあったから，人の服装も気になるという事ですね〉

〈経済的に豊かか貧乏かどうか気になる？〉「そうね．気になる．やっぱり，その人の舞台裏になるでしょう」

〈舞台裏となると後は？〉「なんでも私が気の毒だなと思う事は舞台裏になってしまう」

〈惨め，気の毒な事などは覆っておきたい，見たくない，と？〉「そう」
〈ところで，男の人を見るとズボンの所に目がいく，と．男性のものに対して，どういう経験があったのか？ となるね〉

〈何か，あるはず．それを，この次に思い出しましょう〉

「大した事は思い出しても，ないような気がする」

〈別に，大した事はなくてもね〉

〔第38回〕
〈前回の続きですがね．目がいってしまうと，男性の性器に関して，見たとか見せられたとか，何か経験がありますか？〉

「大した事じゃない」

〈前置きは止めて，大した事があるかどうかは分からないし〉

ここで風呂あがりに父親が肌着でいる時に男性器が横から見えて，それが

強烈な印象となって残っていることが語られる．

〈そういう経験がちゃんとある〉
〈ふっと男性の，その辺りを見るというのは，そこから来ているんでしょうね〉

ここで，折りにふれて夫のファルス（Phallus：男性器）に触れて楽しんでいることが語られている．

〈全部，関連しているでしょう？〉「そうね」
〈今日は大分言いにくい事を話題にしたね〉

〔第39回〕
〈先週は，あんな話をしたけど，気分はどう？〉「別に……」

夫婦生活の時は，"構ってくれる"という要素の方が大きく，ファルスにふれている時は，可愛いくて楽しいということが語られている．

「やっぱり喋りたくない事を喋ると治療になると思うけどね．そんな小さい事が役に立つのかなと……」
〈小さい事になるほど話は具体的になるからね．だから小さい事を聞いているんですよ〉
〈ところで，もう一つ．分析者が男だから困ると言ってたのは？〉
「もう馴れたからあまり無くなってきた．時々は浮かぶけど長続きしない」
〈でも，やっぱり浮かぶ？〉
「子供がよく囃したてたりして言うような事と似ている」
〈子供の頃，囃したてたり，たてられたりした事がある？〉
「囃したてられた事はある」

〈これまで，浮かんでた事も，囃したてるような内容とか調子だったわね〉
「打ち消そう，打ち消そう，とするけど……」
〈打ち消そう打ち消そうとしないで，一度，言ってしまわないと！〉〈子供が囃したてる言葉は？〉

　その言葉を，それこそ，二人の共同作業で確認する．

「それが最初から，ここに座っていても，時々出てきて．先生の名前と結び付いて．私が一番言いにくかったのは先生の事．でも，先生の事も言ったでしょう？」
〈今までも何回か，一番言いにくいと言っていたけど……〉
「これは本当に一番です！」
〈では，今日はこれまでにしましょう〉

〔第40回〕
「胃の具合が悪い．胃の事ばっかり一日中考えている．考える事がないから．毎日毎日がイヤでイヤでしょうがない」
「社宅にいても面白くないし．皆，楽しそうに話したりね．あちこちの家へお茶飲みに行ったりね．私，いつも一人で」
〈皆と同じようにいかないわけ？〉
「私，無理するから．やっぱり人間的に魅力ある人にみられたいからね．でないと皆が私から離れてしまいそうな気がするからね．——泣きながら——」「つい無理して笑いながら喋ったり．とにかく，つまらない人だと思われたくない．それが，いつも頭にあるからね．あの人といても，ちっとも面白くないと言われたらイヤだから．もっと楽に話せたらいいんだけど」
〈自然にしてたら楽だけど，神経が大分疲れるね〉
「主人に対しても少しはそういう所あるからね．身体の具合が少し悪くてもね，笑顔をみせないといけないと思ってやってるからね」

「母には，死んだ方がいいとか，生まれてこなかった方がよかったとか言うからね」

〈今でも死んだ方がましとか，生まれてこなかった方がと思うわけ？〉

「先生になってからあまり思わないけどね」

〈私になってから思わなくなったというのは何故？〉

「先生の話は理論だっているからね，治るという見込みがたったというか．今までどうして治らなかったかという事も分かってきたしね．どうして時間ばかりかけて治らないのかと，はっきり分からなかったから，いつもイライラしてた」

「今の私にとっての支えは，近い将来もう一人子供をという，それだけだわね．主人も子供も喜ぶだろうし，生活に張りができるだろうと思う．一人だけじゃ，私の生活自体物足りない．用事が二人分できるから，それにかまけてね」

〈子供そのものが可愛いくて欲しいというんでなしに，する事ができるからと？〉

「一人だと手が掛からなさすぎるから．とにかく一人娘だと私が物足りなさ過ぎるから．可愛いとこもあるけど，先生が言われたような要素の方が大きい．それと三人家族では寂し過ぎるのね」

〈あなたの育った環境は兄弟が多かったわね．沢山いたほうが楽しかった？〉「そう」

第3章　分析技法

(1) 人間存在分析の基礎的方法論概説

　長年，精神分析的精神療法（人間存在分析）をやってきて，特に最近はスーパーヴィジョンをする場合に，折りに触れて感じさせられるのは，何よりもまず，どうするのが分析療法であるか，という事を充分に理解・納得しておくという事である．

　そのうえで，『何が，どうして，ノイローゼになったのか？』という事を患者から詳しく聞き，よく分からない所は分析者の方から患者によくきいて確認し，二人して確認できた所を，あらためて分析者が筋道を追って再構成して，できるだけ概念的ではなく具体的にまとめて患者に話して，患者自身にしっかりと自己確認，自己洞察してもらうのである．

　人間存在分析では『何が？　どうして？』というのが中心である．この場合，何が？　どうして？　というのは，家庭であろうが，職場あるいは学校であろうが，どういう状況で，誰が，どう言って，あるいは，どうして，それに対して自分は，どう思って（感じて）どのように答えた（対応した）ところが，相手は，そこで，どう言って（して），どうなったのか？　そうして，その結果について，自分はどう思い，どうしたのか？　というように患者に想い起こしてもらいながら，二人して確認して行く作業をするのである．それが人間存在分析の方法である．

　そのような作業を連続して積み重ねて行けば「何が，どうして，ノイローゼになってしまったのか？」という事が分析・解明できるのである．

　それだけの事を行えばノイローゼは治るというのが人間存在分析の立場なのである，としっかり学習しておくのが肝要である．

その際，最も大事なことは，何が？ どう？ と想い起こして見ていく作業の中で，それぞれの場面，状況で，その時々に患者自身は，どういう気持ちになったのか？ どう感じて，どう思って，そこで，どのような言動・態度をとったのか？ というように，状況や事柄だけでなく，感情の動きを充分に想い起こして，同時に話してもらう（語らしめる）ことである．人間は感情の動物で，感情の縺れ（欲求不満，葛藤）の末にノイローゼになっているのであるからである．

そのような作業を進めていけば鬱積した感情の解放（カタルシス）が起こり，何がどうなってノイローゼに落ち込んでしまっていたのかという事が自己洞察され，自分を取り戻すことができるのである．

ただし，基本は，それだけの事なのであるが，その作業を進めて行こうとするとケース・バイ・ケースで様々な反応が生じてきて，その作業を妨害するのである．

しかし，その妨害の現れ方に，その患者の性格特徴，対人関係の持ち方のパターン，コンプレックスなどが内包されているので，それをうまく除去しながらも活用すれば，より全体的，立体的に，何がどうしてノイローゼになったか，という事が詳しく分析・解明できるのである．

より詳しく充分に分析・解明できれば，それだけ治療効果も，より充分に根治的になるわけである．

その様々の反応というのが各種の抵抗（抑圧，反動形成，感情の分離，観念化，知性化，同一性抵抗，性愛化抵抗，等々）転移，対向転移，治療的退行，等々である．

したがって，分析の経過中には，かなり複雑な様相を呈したり困難に直面したりする．そういう時こそ，初めに述べた基本をしっかり自己確認して，それを踏まえて分析という作業を続けて行くことをお勧めしたいのである．さらに，少し付言しておくと，まず，症状が始まった発症時点の情況をよく聞くことが肝心である．そこの辺りの情況を詳しく聞けば，大体，誘因状況が把握できるものである．

ただし，患者が目下の困難，不安などを訴え聞い欲しいという態度が強い時には，それを聞かねばならない．それこそ基本的な受容的，支持的で感情移入的な態度である．そして，それらを聞くことによって症状がより良くわかると同時に，現在，患者が置かれている情況がよくわかる．そして，その現在の情況には発症の時点での情況も充分に含まれているわけであるから，次第に話は（分析は）その方向に向いて行く．

そして，そのような発症に至るような対人関係の持ち方，対処の仕方は，結局，幼少期より身につけてきた対人関係での身の処し方の基本的パターンであるので，詳しく具体的に話を聞いて行くと，自然と，話は（分析は）現在から過去そして幼児期体験（素因）にまでも逆上って行く道理なのである．

つまり，誘因と素因が分析・解明できることになるのである．

なお，最初の面接で家族歴を詳しく聞いておくと，さらにオリエンテーションがつきやすい．

要するに，成人期神経症は幼児期神経症の再燃であるという公式は，たいていの場合，そのまま当てはまるのである．

(2)分析過程における技法の逐次的解説

初めに第1回から40回までの全体の分析過程の概観をしておく．

第1回は，症状を中心に話を聞いている．第2回は，あらためて分析療法の説明を行っている．しかし，この回，既に「質問攻め」という形でかなり激しい"抵抗"が現れているので，抵抗解釈を行なっている．なお，この回で患者の語った内容を使って症状発生機制の解説的説明も行っている．その後，5回～8回と「父親の舞台裏を見たくない」「攻撃的に分析者に食ってかかる」「家族の話になると反発，回避しようとする」「質問攻め」などといった形で抵抗を示すので，その度に抵抗解釈を行い，第1段階での抵抗除去にほぼ成功している．

それで，第9回で自分の対人関係における不安な心理状態，特に夫との関

係においての不安が語られている．

　第10回には，それまでに何回も分析者に対してかなり激しい反発的攻撃的な態度，言動をとっても受容されたことによって修正感情体験がなされ，主人に対しても自分の感情をぶつけることができるようになったのである．第11回にもまた家族の話をすることに対して抵抗を示したが，ここにおいても分析者は抵抗解釈を行っている．

　第14回頃には症状はほぼ半減してきている．第16回，第19回などでも「舞台裏は見たくない」「攻撃的防御」といった形の抵抗が現れているが，抵抗解釈によって第2段階での抵抗がほぼ除去された．

　第22回頃から次第に，それまで，語られなかった父親との関係，手淫などの幼少期から娘時代にかけての体験が語られるようになった．第36回にも，かなり詳しい内容の話も語られ，症状解釈も行っている．

　第38回には父親のペニスが見えて困ったという体験が初めて語られた．以上のような経過で40回で，ほぼ症状は消褪したのである．

　以下，逐次的解説を要点的に行っていきたい．

　「第2章(2)分析の経過——分析技法の実際」は，もちろん，ベストの模範ではないが，かなりの部分が"人間存在分析的問答"になっていると思われるので，いちいちの解説はあまり必要ないと思われる位である．したがって，なるだけ要点のみの解説としたい．

〔第1回〕

　あらためて，幼少期から発症時までの症状の変遷について聞いている．この回の終わりの方で，既に「もう話す事はありません」というように防衛的な態度が現れているが，別に抵抗として殊更に扱っていない．

　確かに，ざっと一通りは話したのであるから．しかし，それ以上は深く詳しく話したくはないという傾向が，既に最初から現れている．

　それが回を重ねるにつれて強く激しくなっていくのである．

〔第2回〕
　この回では(1)分析療法の説明と確認,(2)症状発生機制の分析学的説明,(3)抵抗解釈,の三つを行っている.
　(1)分析療法の説明として,まず,それが"お話し療法"である事を話している.自分の内面の問題を話して行くと,どうしてノイローゼになったのか,症状が起きたのかが分かって(人間存在分析),ノイローゼが治っていくという事.話した分だけ症状が軽くなっていくという事.
　(2)渾名が出てくるのは「高く置いておきたい人です」と述べているので,〈とにかく高く置いておきたいと自分の気持ちに強制するんですね.高く置ききれない気持ちが抑えられてしまって,それで渾名とか,その人を嘲笑する言葉が浮かんでくるのかもしれませんね〉と症状発生機制をここでちょっと説明している.
　(3)抵抗解釈として,患者が「私はいつも聞くんです」と言っているのを使って,〈質問に時間をとられると,その分,治療の時間が減るわね.今までの分析者はあなたの質問攻めにあったのですかね〉というように取り上げている.

〔第3回〕
　患者がお盆で実家に帰っていて一ケ月ぶりの面接なので,実家へ帰ってどうだったか？　といった自然な形で分析を始めている.
　実家での生活と,夫と子供と自分の三人での生活と比較しての話をしていると,やがて「今の生活の事を言ってみても何も出てこない」と患者が言うので,何も出てこないという事はないが,その話に乗って,〈症状が始まりだした辺りから見ていきましょう.それがよさそうね〉と言って話を進めた.
　すると,「B先生とは,その人の事は悪く思わないでと思うと出てくる,という所までは行ったんだけど……」という話になったので〈そこら辺りからが,どうなっているのか？　という事がつかめていない,と〉「そう,そ

こら辺りが大きいと思う．鍵があると思う」というように話が（分析が）進展している．

〔第4回〕
　自由連想法でもないし，患者の選ぶ話題に任せておくと核心から外れそうなので，能率をよくするために，〈症状の始まりの所から見て行きましょう，ということでしたね〉と切り出しているのである．
　途中で患者が「呼吸したり，まばたきする時に物凄く気になったりする事ある．何故こんなになるの？」と聞いている所は，恐らく，両親の性行為を見た"原光景"体験によると考えられるが，この段階では，まだそれを扱う所まで分析が進んでいないのでやり過ごしている．
　そうしていると話は本題に戻って，「男の人がどうのこうのというの，何でもないような関係の人だと，どうもない．特別の関係とか秘密めいた関係となってくると，おかしくなる」と核心に近付いた体験が語られている．
　そしてさらに「結婚する前になると余計にひどくなってきた」〈どんなふうに？〉「死んでしまえ，とか．縁談が持ち上がると無茶苦茶な言葉が一杯浮かんでた」〈どんな言葉？〉「何かセックスに関係した言葉」と語っている．
　〈この人は上に置いておきたい，悪口を言うまい，批判をしないで，と押さえていると言葉が浮かんでしまう〉「思いたくない，思ってはいけない，と……」〈こういうふうに，次々と見て行きましょう，と進めていくのが治療ですよ〉「先生は面白がっているみたい．別に悪い感じではないけどね．漫画の本でも読んでいるみたい」
　"漫画の本でも読んでいるみたい"と表現されているが，劇画を一コマ一コマ描いていくように，何がどうなって，こうなって，と見ていくのが，分析を上手に着実に進めていく一つの"コツ"である．
　そして，この回では，最後に，〈一時間話していると，最初は大分，渋ったり逆らったりしていたけど，段々と話せるようになってきて，何がどうなっていたのか，大分わかってきたね〉「――笑い――」となっている．

このように分析者が"お話し療法"を再確認すると，よく話せましたね，よくできました，今後も，このように頑張っていきましょうと，褒めたり励ましたりしているような効果が含まれるのである．分析で自己直面化などという事は厳しく辛い事であるから，だれない範囲で，このような和やかな雰囲気のやりとりも必要なのである．

　ただし，柔らかい雰囲気になり過ぎる人は，少し，締まった感じで対応する方がよいが．

〔第5回〕
　これまでの4回の分析でコトバが浮かぶのが少し減るという効果がみられている．
　「蓋を開けてみるのが……．開けると，探しだしたら，あれもこれもと出てきて，手におえなくなるんではないかと思う」——略——
　「そこの部分は隠しておきましょうと」〈けど見えてしまうし．自分から見て，見たくない事は覆っておきましょうと？〉「気の毒だから．お父さんに対しても．お母さんが，お父さんが気の毒になるような事を言う．私それを聞くと胸がキューッと．そんな事を言わなくてもいいやないの，と」
　以上のように，何が，どうして，どうなるのか，ということが語られて行くので．〈あなたの場合，そんな事を言われると神経に触る．舞台裏を見るのは嫌，と過敏なわけね．可哀想とかね．しかし，見ないで蓋をしておくと，かえって浮かんでくる〉と確認すると，同時に，抵抗解釈を含み，症状発生機制の説明にもなっているのである．そこまですべてを計算して述べたわけではないが，患者の語った所を，その要点を再構成して確認するという作業をすると，必然的に，そういう結果になると言えよう．最後の所で，「何故，私はそういう所に引っ掛かるの？」と患者が分析者に質問しているが，初心者だと，そう質問されると，どう答えていいか分からなくて困って，下手な解説じみた事を言ってしまう事が多い．
　こういう場合，〈そこを見ていくのですよ〉つまり，そこを分析していく

のですよ，と対応するのがベターである．これも，いつも基本に"何が，どうして，どうなっているのか？"を見ていくのが分析なのだと心得ていると，自ら，そういう対応となるはずである．

〔第6回〕
　この回は幼少期の家族関係があれこれ語られ，「皆で和気あいあいという事がなかった」と述べ，「母がいつも父の事でぐたぐた言うので，父が可哀想で．母に，そんな事を言わないでと言ってた」と，最も心が痛んだり可哀想になったりするのは父親である事が語られる．そして，「もっと生易しくない事があると思う」と予告している．
　ところで，この患者は何かそれ以上見たくない触れたくない事が話題になってくると，食ってかかるような言い方をして攻撃的防御というような態度となるので，〈ところで，あなたは，何か自分の特徴を指摘されると食ってかかるけど，今までの分析者に対してもそうでしたか？〉「そう．心理学的定規で測られるとイヤ．私が失礼な事を言うと怒るでしょう．何を言っても怒らないと言っておきながら．女の先生は感情的になるから．先生も，今さっき言った事で，少し気を悪くというか怒られてないかと思った．先生，何言っても怒らないかしら？　何言ってもいいんでしょう？」と言うので，〈これまでの先生が怒ったりしたもので，私も怒ったのではないかと気になったんですね．分析療法の標準的なやり方は自由連想法といって，頭に浮かんできた事は何でも言わなければならない，というやり方ですから，当然，何を言ってもいいわけですよ．むしろ，何でも思った事を言わなければ分析にならないわけです〉と筆者に対する"これまでの分析者転移"を取り上げ，自由連想法を説明することによって分析療法のやり方をここでもまた説明，確認しているのである．説明であると同時に，安心して何でも言ってください，という事を伝えてもいるのである．

〔第7回〕

　夫をはじめすべての人間関係で気の小さい所があるという事が語られている．そこで，それが〈いつ頃から？〉と聞くと，「小さい頃から仲間はずれにされたり．友達関係ですごく苦労した．それで相手の顔色を伺ったり．不思議に意地悪な人がいて邪魔したり．近所の子でも，イヤでも一緒に居た方が無難だから一緒に居た．言いたい事を言い合いながら付き合える友達が欲しかったけど，遠慮しながらの付き合いとなってしまう」

　前回では家族関係でいつもぐたぐたしていたと語られていたが，今回は友達との関係でも顔色を伺いながらであった事が語られている．

　「根本的に，悪く思われるんやないかというのがあるから，いくら話しても治らないんやないかな？」と途中からまた質問してきているが，こういう場合でも初心者の頃は対応に困る所である．

　ここでも，例えば，〈主人に悪く思われたら？　とか，突っぱねられたら？　とか思うからではなく，結婚前からそういう不安はあったね．どうしてそういうふうになってきたのか？　と分析していくわけです〉と対応すれば分析が進んで行くのである．

　ところが，そうやって分析が進むと，結局，幼少期～子供時代の家族関係に辿りついてしまうので，「そしたら姉が原因となるやないの！　先生の言う事は何でも家族にいってしまうやないの！」と攻撃的防衛を発動してくる．

　こういう場合も，馴れないうちはたじろぐものだが，〈家族の問題を見ていこうとすると非常に感情的になるけど，感情的になるという事は，そこに何か非常に引っ掛かる問題があるという事になるね〉と対応すると抵抗解釈になると同時に焦点が絞れていくことになる．

〔第8回〕

　この回も"分析的問答"で進行している．対面法だと下手をするとただの分析理論的問答に陥ることがままあるが，それを"分析療法的問答"にしていけば分析は進むわけである．つまり，抵抗の指摘または解釈になったり，

患者の心理の明確化になったり，自己認識，自己洞察につながったりする．
　この回の終わりの方で，「そんなに早く治りたくない．そんなに早く治ったら，私，する事がなくなる．これが無くなったら何も考える事がなくなる．あれこれ考えて治療の事を考えると落ち着く」と語っているので，〈なるほど，ノイローゼの症状とその治療で埋め合わせをしているんですね．今までの分析者との場合でも，治して下さいと言っておきながら，治らないようにしていた所があるんでしょうね〉と言うと，患者もそこで笑っている．疾患への逃避，疾患利得の確認と，そのような抵抗の解釈で締めくくりになっている．

〔第9回〕
　夫に何を求めているかという心境を語っている．仕事から逃れる為に結婚したが，結婚生活が色んな面で不満で問題を孕んでいるので，今度は結婚からノイローゼに逃避という形になっているのである．
　そこで，夫との日常生活で日常茶飯事的な具体的な面で"何が，どう"不満なのか一つ一つ分析的問答でみていっていると，例えば，「弱音を吐いても主人が受け入れてくれたら……」と言っているが，〈誰に対してでもそのように思うんでしたね．主人にだけでなく．という事は，主人のせいではないね〉「うーん」となって，夫に対しての不満と思っていたのが，大半は自分の性格・態度に原因していると分析・解明されていく．

〔第10回〕
　この回も相変わらずの分析的問答になっている．しかし，これまでの分析療法において，いろいろな事を言っても分析者は怒らず，受容的，支持的，共感的に聞いてくれたという"修正感情体験"がなされた結果，夫に対して初めて「いちいち言わないで！」と言ってしまったが，その後，主人と別にどうという事はなかった，という体験をしている．

〔第11回〕

　これまで，相手の顔色を伺ってしまって言いたい事が言えないとかいう事ばかりが話されていたが，「私つい大きな声で言ったりするから．言ったらいけないような事を言ったりするとか」と，結構，攻撃性を出す面もあることが語られる．

　これは恐らく口唇期攻撃性，肛門期攻撃性，男根期攻撃性，それぞれの要素を含んでいるのではないかと思いながら，〈場合によっては，突拍子もない事を言ったり，言ってはいけない事を言ったりする所があるのね．人に気を使うと言いながら〉と指摘・確認している．

　「この頃，ここで話をするようになってから，主人に言い過ぎるよう．とにかく言いましょう，となっている」と語っているので，ここで行動化を予防する処置として，〈そこは少しは注意しないとね．ここでは何でも話さないと治療にならないけどね．ここを一歩出ると，日常一般では，言って良い事と悪い事とあるからね．でも今は治療中だから主人にだったら少しは言い過ぎることがあっても仕方ないかもね〉と分析を受ける上での注意事項を述べた．

　相手の顔色を伺うというのには，ただ，怖いというだけではなく，ヒステリー的な要素もかなり大きな比重をしめていると思われるので，〈相手があなたにイヤな気持ち，悪感情を持つのが怖いと？〉と質問の形で確認している．また，感情の両極性，両面性についても，以下のような分析的問答で確認し認識させている．

　〈感情的なんですね．好き嫌いが激しいんですね〉〈それで相手の良い所が見えた時には，どうなるの？〉「悪い事をしたなと，可哀想な事したなと，気の毒になる．そしてもやもやする．割り切れない気持ち．後悔する」「そんなふうに自分の気持ちが行ったり来りするものだから疲れる」と，そこの所を自己確認している．

〔第12回〕

　新しい社宅に移ってからちょっとひどくなった，と述べ，「親しい友達が居なくて淋しい．毎日が平坦でつまらない」と話すので，〈ひどくなる原因というか要因をまとめてみると，人に気を使う，男の人と平静に付き合えない，楽しみの無い事，毎日の生活のつまらなさ，などかな？〉と確認すると泣き出したのである．これまでにも少しずつ言葉による表出はされていたのではあるが，12回まできて，素直に，様々な自分の感情から涙が出てきたのであって，全体的な感情の解放（Abreagieren／除反応），カタルシスと言えよう．

　しかし，ここで，「私の毎日がつまらないというのは治療しても良くなるかどうか分からないでしょう？」と素直な疑問・不安が語られている．これに対して，筆者は，以下のように対応している．

　〈ノイローゼになっているから毎日が面白くないということになるが，また，逆に，毎日が物足りないからノイローゼになるという側面もあるかもしれない．だから，何がつまらない，物足りないのか見て行きましょう，というのが，また，治療でしょう？〉

　前半，このような話になって，後半，前回の続きの"男の人"に関しての話／分析となる．

　最後の部分は，次のような解釈で終えている．
〈大恋愛したい！　けど，逃げ出したい！　自分の中に自分の夢を満たしきれない構えがあるね．それで物足りない満たされないとなっている所がある〉
〈近付いて肌が触れ合いそうになると逃げ出したくなる〉

　多分，底には，父親との近親姦的願望と，その禁圧が存在していると推論される．

〔第13回〕

　この回は，〈男の人が近付くと逃げ出したいという事でしたね？　どういう感じですかね？〉で始めている．

そして,〈誰とそのような経験を？〉というように分析的問答に入っている．性的な話がつづいているので，性の知識を明確に知ったのはいつ？　という事を聞けば，より事態を明確にするのに役立つだろうとの計算で,〈ところで,赤ん坊はどうして生まれると知ったのは,いつ頃？〉と聞くと,「中3の時．父や母もそんな事をしているのよと聞かされてびっくりした．ぞっとした．未だにイヤだなと思う」と,かなり核心に近い事が話されている．

〔第14回〕
〈今日はイヤな話の続きですね〉「——笑い——」で始まっている．笑いで応じる程度にゆとりができてきている．拒否反応が大分減退したという状態である．父親との関係も忌避することなく語られだして,次のような事を話すことができるようになってきた．
「父を特別好きというのではない．今はよく喋るけどね．よくこちらへ遊びにくるしね．引っ越しの時もよく手伝ってくれるしね．今でも月に2～3回は電話をかけてくる．どうしてる？　と言って」「何かいうと電話してくるし,物凄く心配してくれているなと思う」
ここで,すでに,これまでの所で,自分の両親がセックスするなんて友達から聞かされてびっくりして,ぞっとしたとかいった話が出ていたので,さらに,拒否反応を減らして分析が進む下地をつくるために,〈お父さんやお母さんと一緒に寝てて,両親のセックスを見たことはないの？〉というように原光景体験を話題にしてみている．
症状の方は,患者に言わせると「3～4割位は減ったよう」と述べているが,ほぼ半減しているようである．

〔第15回〕
この回,心気的な不安を訴えている．精神症状が減退してくると,今度は身体症状が出てくるという交替現象のようである．性的抑圧を中心に精神症

状と身体症状が交替するというのはヒステリー的現象と考えられる．この回は，父親に一番可愛いがられていたので，父親の良い子，お利口さんに振る舞って褒められて，すごく満足していたという事が話されたので，夫にも，それと同じように振る舞い褒めてもらおう，認めてもらおうとしている事を確認している．

ただし，今みてみると，もうちょっとはっきり，夫に父親像を求めている事，つまり，夫に父転移的欲求を向けて求めているという事を明確に解釈した方がベターであったと思う．

〔第16回〕
この回は，「だんだん，子供に時間がかからなくなるから，それをいかに過ごすか，と，そんな事ばかり考える．困っている．ぶらぶらしているのは何か悪いような気がするし」と述べているので，〈これまでの治療では，これで困っているとか，症状をどうしたら軽くなるかとか，うまい工夫はないかとか，といった事を話題にしてたという事ですね〉「今までの治療がそうだったのよ．症状を言ってどうこうと」〈だから症状の話を中心に治療が空回りするんです．だから私は問題を掘り下げようと，私の方からテーマを絞っていって聞いているんです．あなたに任していると，また，治療が空回りするからね〉「もう私，観念してますよ．見ていくのを」〈そうですね．これまでは治療の中に，人生相談，身の上相談をこんがらかしていたからね．治療の土俵に上がらずにね．そして，この治療はどうも……，と言ったり〉「——笑い——」〈では，この次から，また，仕切り直しをしてやりましょう〉

以上のように仕分けして分析的精神療法に絞っているのである．

〔第17回〕
この回も分析が面倒臭いといった抵抗が生じているので，最初，その抵抗除去作業を行っている．

つまり，〈今日から仕切り直してでしたね．あなたの方は？〉

「別に無いけど．来るのが憂鬱で気が重い．何もせずに，また，帰るんではないかと．何も出てこないと思うし……」

〈治療の効果があがらないからというより，掘り下げる，舞台裏を見るのが気が重い，面倒臭い，憂鬱ということですね〉

「それも大分あるけど，とにかく，何も出てこないみたいな気がする．そんなに調べてみても．でも，それしか無いみたいに言われるし……．面倒臭い」

〈そこを頑張らないとしょうがない〉

「それで，これまで避けてきた……．――笑い――」

そして，この回は，夫に，父に求めていたのと同じ事を求めて，満たされなくて不満，物足りない，となっている事（父転移）を確認している．

ここの所も，一応，そういう内容の事は二人で確認しているのではあるが，もっと，はっきりと，〈夫に対して，父親に求めるものを求めようとして，求まらずに不満，物足りなさ，などを，そのように感じていますね〉と父転移解釈をはっきりする方がベターである．その辺りが，まだ経験不足で，すっきりいっていない．

〔第18回〕

症状が減ってきた分，日常生活での問題，気掛かりな事などを話している．前回もっときっちり夫に父親像を求めているという父転移を解釈しておけば，その話を展開していけたと考えられる．

それでも"分析的"に話を聞いているので，いくつかの事の確認作業はできている．

例えば：〈勝ち気なのかな？〉「勝ち気ね．すぐ頭にくる．その癖，気が小さい所もあるのよ．涙もろいしね」

〈すぐ頭にくるのに，それが，いざ言おうとすると，言えない？〉

「そこでね，ほら，――笑い――言ってはいけない，怒ってはいけないと思うからね」

〈フランクに話し合う家庭ではなかった？〉「そうね」
〈だから，そういう事に馴れていない？〉
「中心人物がムツッとしているんだもの，他の者が喋れないじゃないの！ だから悩み事でも心配事でも，どうしていたのか？ 友達にも打ち明けて喋れる人はいなかったし．上の姉にちょこんと話す程度かしら」

〔第19回〕
　この回，また抵抗が昂じている．そこで，次のようなやり取りになって抵抗解釈を行っている．
　〈何か問題点を取り上げると，その度に，こんな事！ と分析の作業をぶち壊そうとしてしまう〉
　「大体，良くならない原因は，そこら辺にあるのかもね．すこしは……」
　「今までと，結局，気持ちを変える，変われ，という事でしょう？」
　〈そう．年齢相応の気持ちにならないとね．物足りなさは無くならない〉
　「私そういうの乗り気でない」
　〈なるほど，乗り気でないんですね．変えたくない．変わりたくない．いつまでも子供のように主人に良い子よい子と褒めてもらったり，頭をなぜてもらったりしたいと〉
　「自分が今まで守ってきた体制を抜け出すというのが…….荒波に放っぽり出されるという気がするのね」
　〈だから，治して下さいといって来ながら，このままで居たいんだと．だから分析者が何か言うと，話題をそらしたり，攻撃的になったりして，治療がそれ以上すすまないようにしてしまったり．そういう心境で，そういうようにしているんだと，今日はよく確認しておきましょう！〉
　〈では，年が明けたら，今までの事を復習して頑張りましょう．脱皮しましょう！〉「──笑い──」

〔第20回〕

　前回までで第2段階の抵抗除去作業は大体終わった．

　そこで，今回は，「私は人の忠告などね，頑固な所があってね，聞き入れないで，自分の考えている事が絶対的というような所があったと思った．先生方が言われる事は，先生方が勉強してこられた事を，私に定規を当てるように，と思って気に入らなかった．けれど，先生の言われる事は尤もだから素直に聞き入れようと大分決心したというか，聞き入れるような気持ちになってきた」「ここらで私の気持ちが変わらないとダメじゃないかと，最近よく思うようになった」と心境の変化，態度の変化がみられている．

　そして，主人とも口喧嘩することができるようになっている．

　また，前回につづいて，「つくづくイヤな事をしなきゃならないと分かったからね．変えたくないけど，変えなきゃいけないと．でも，症状を無くしたくない．何か物足りなくなって慌てて取り返すんじゃないかという気が物凄くする．滝の流れに尻込みするというか，飛び下りるような気がして，止めとこうという気になる．今までと違う自分になるわけでしょう．それが不安」と自分が変わる事，変える事への不満，不安を語っている．

〔第21回〕

　自己認識・自己洞察というのは自己と他者との関係における自己の反応・対応の仕方を認識・洞察するということであるが，この回，あらためて，夫の性格も認識するようにという計算から，〈あなたも主人も自分の気持ちを押さえてと，互いに気を使っているね．他人行儀というか，似たもの夫婦ですね〉「うん，ちょっと似てるみたいね．そういう所は」という問答をしている．

　〈ところで，この頃，日常の，これを聞こうとか話そうという事はないのですか？〉

　「最近，主人の態度が優しくなって，あまりその，気にならなくなって……」〈気を使わなくてよいと？〉

「そう，一ケ月ほど前から．私に対して機嫌がいい．こんな事したら主人に嫌われるんじゃないかしらとあまり思わなくなった」と夫婦関係にも変化が起きていることを語っている．

〔第22回〕
　今回は家族の事も感情的にならずに少し距離をおいて語っている．
　「母は頼りないし，父は取っ付きにくいし，打ち明けて相談できる人が居なかった．自分一人で決めてやってた」と述べるので，〈母親が頼りないという事もあるかもしれないけど，自分自身で勝手に決めてやる所があったんですね．我の強い所が〉〈相手がそうだからというだけでなく，あなたの性格として自分で考えてやってしまうという所があるわね〉と，相手がどうこうというのが，すべての原因ではなく，そこで，自分自身はどうなのか？というふうに自己認識をするように分析的確認を行っている．

〔第23回〕
　症状が軽くなると身体の方が調子が悪くなるという現象が，この辺りで，また，起こっている．そして，子供の頃から身体の不調は「ひどくないけど毎日だもの．一日中どうもなかった日はなかった．胃の調子が悪かったり，ふらふらしたり，ずーっと半病人」「小さい頃から，身体の事は言ってたけど，精神的な事は誰にも打ち明けていない．苦手，恥ずかしい，照れ臭い」と語っている．これは恐らく転換ヒステリーの機制を主とする身体症状ではなかったかと考えられる．
　そこで，〈どうも身体が悪いのではなく，精神的なものを話さずに持っているものだから，身体の方に行くんですね〉と説明しておいた．
　強迫症状と身体症状，夜尿と手淫というのが小さい頃からの神経症的徴候なのである．

〔第24回〕

「何でも人に恥ずかしがらずに相談できたらいいでしょうね．でも，分析していくと，結局，自分の値打ちが下がるとか，そういう事になるでしょう？」

〈それもブレーキがかかる一つの要素になっているわね．しかし，価値を計る物差しがあなたの物差しで計るから．その物差しを見ていきましょう〉

「そうね．自分一人の頭で考えて……．渾名もそうね」

〈あなたの物差しに引っ掛かる事がね〉

「それはそうと，つくづく思うわ」

以上のように，あらためて自己認識をしている．そこで，それに上乗せして〈物差しとちょっと違うけど，鍋の底を磨いている所を主人が見てくれて，よくやっていると褒めてくれない物足りなさというのも，子供っぽい気持ちで，もっと大人の気持ちになれば，そんな不満，物足りなさなんかは無くなるわね．その他の事柄でも，年齢相応の物差しに持ち変えたら別にどうということは無くなるわね〉と言うと，「そうね」と納得している．また，「今の生活では何か物足りない云々」と訴えるので，

〈人生，生きていく上で．どうしたいという欲求は人によって違う．それは神経症的問題と人生そのものがもっている問題と，両方が絡んでいるわね．分析は神経症的な問題を解決すればよろしいとやっている．そこら辺がはっきりしたらモヤモヤは無くなって考えることができるようになるでしょう．物足りないというのも案外8割位は神経症的なものかもね〉と，再度，仕分けを行った．

「私ね，人を笑わせるの好きなのよ」「小さい時からね．一番下だったし．可愛いなと」「ひょうきんな所があったのよ」と話しているので，〈なるほど，あなたの性格ならそうでしょうね．人に気を使って自分を押さえる所があるかと思うと，反面，目立つ事をする．気が弱くて引っ込み思案な所があるかと思うと，反面，気が強くて我を張る，というようにね〉と性格に両極性がある事を明確にしておいた．

〔第25回〕

　夫やその他の人からも嫌われないか？　というのは，むしろ，面白い事を言ったり，好かれるような事を言ったり，物をあげたりして，相手の機嫌をとったりして，より人気を得よう，注目されよう，好かれようとするものだから，仲間から目の仇にされたり，嫌われたりしたのであろう，と患者の述べた話の内容をまとめて解釈し自己確認させている．

　〈だから緊張したり疲れたり．家でも，他の兄弟よりも，より以上にやって，賢い賢いと言ってもらって．辿っていくと，元々，兄弟との競争心から．それから，友達と，上司と，というように．友達関係でと言ってたけど，見ていくと家族の中ででもやっていた．家族の話になるとイヤがっていたけどね〉と解釈を与えている．

〔第26回〕

　ここまで，分析してきて初めて，「今まで，主人との間の事，言いたい事が言えないという程度とか気付いていなかったけど，こんなに主人との間でしんどい気遣いをしているとは思わなかった．漠然とは分かっていたけどね．言いたい事を言おう言おうと，それが中心的な問題と思っていた」と述べたので，〈このように，あれこれと気付いてつかめてくると，何となく症状が軽くなるでしょう？〉と言うと，「何となくというの嫌い」〈訳が分かりながら良くなりたいわけ？〉「そう，それが性分に合う」といった問答になっている．

　これまででも，かなり理屈っぽい確認作業や解釈を行っている傾向がある．症状や性格も完全に強迫性格であれば，知的認識は治療効果はあがらないものであるが，この患者は中心はむしろヒステリー性格で，表面に強迫性格の鎧を着ていると言えるので，知的に言語化して指摘，確認，解釈をすれば，うまく洞察につながっていったという精神構造になっている．

　今回の終わりの所で，以下のように幼児期体験の重要な事実が確認された

のである．

〈ところで，小さい頃．お父さんがよく抱っこしてくれたりとか？〉

「よく可愛いがってくれたわ」

〈だから主人とでもべたべたしたくなる？〉

「父とは小学4～5年まで一緒に寝てた．お母さんのおっぱいも幼稚園まで飲んでいた」

〔第27回〕

今回も，これまで非常に忌避していた家族の事を客観的に語っている．例えば，「実家では，あれやこれや諍いしているからね．私だけは諍いせんようにと配慮してたみたいね．私，腹が立たないようにしてたのか，立たないのか分からないけどね．どこかで伸び伸びしてない所があるわね．いつもいやだなと思っていた，こんな家族は，もうちょっと円満にいかないものかしらと思って」

「お婆さんが死んでも，お父さんは，ぶすっとしているし．お母さんとも気が向いた時は喋るけど，そうでない時はしかめっ面をしているし．父が一番責任があると思う．だから，私みたいな犠牲者がでたと思う」

そこで，〈だから，主人とでも，事を起こすまいと．下手に起こすとしこりが残るからと？〉

「そう．でも，こんな事いってると，愚痴を言ってるような気がする」〈そんな事ないですよ．それこそ分析治療の一部でしょう！〉といったやりとりになっている．ここで〈そんな事ないですよ〉と直接反応しないで，〈愚痴であろうが何であろうが，どうなっているのか見ていくのが分析でしょう？〉と言った方がベターであろう．大底の場合，直接反応は分析的でなくなる．ということは，そういう反応，対応をしていると分析が進まなくなってしまうのである．

〔第28回〕

この回も家族の事がかなり確認できている.

〈家族との関係では，そういう形では気を使わなかったと．しかし，お婆さんとか，お母さんとか，お父さんとか，ごたごたやっているとか．あなたはそれを見てて，自分はあんなふうにはならないようにしようと感じてきたわね．そういうのをイヤというほど見てきた〉「うん」

〈お父さんが機嫌悪くして，ものも言わないとか，そんなのを見ていると，人間関係に敏感になってくる．皆が円満に仲良くやっていたら，あなたがそんなに気を使わなかったかもしれない〉「そうなのよ！」

〈だから主人に対しても反射的に気を使ったり遠慮したり．それに，お父さんとお母さんの夫婦関係もうまくいってなかったんでしょうね〉
「父と母の感情の交流なんか全然なかったもん！　全然，和気あいあいと話してた事，見たことないもの」

〈だから夫婦関係に自信が持てない〉

〔第29回〕

「社宅に私の苦手な奥さんがいる」という話から，分析的問答で分析していくと，自分が"ヤキモチ焼き"の所がある，という話になり，小さい頃からそうだったという話になり，父親が近所の可愛い子を抱っこしたのを見て，すごく腹を立てた事を想起している．

〔第30回〕

「どうしたら卒業できる？」〈何回も見ていくとね〉と答えているが，あまり上手な対応とはいえない．むしろ，〈小さい頃，どれだけお父さんやお母さんや，その他の人にヤキモチを焼いていたか思い出してみて下さい〉と言った方がましであろう．

また，「切りがないじゃないですか！」と言っている所も，むしろ，〈あなたは，何かあると，そんなふうに感情を高ぶらせて，きっとした言い方をす

るけど，誰に対して，そんな言い方をしてましたかね？　誰に対しても顔色を見てしまって，言いたい事が言えないといっていましたが？〉という聞き方をした方がベターだったかもしれない．

　しかし，この記録にあるような聞き方でも，「そうなのよ！　私いつもそうなのよ！」と自己洞察をもたらしているから，かなり有効であった．

〔第31回〕
　「また少し良くなってきた」と述べているように，これまでに抵抗が除去されて，語られてカタルシスが行われ，自己洞察ができた分，症状が軽減してきたのである．

　しかし，まだまだ"抵抗"は残っていて，何回かのやり取りの後，また，〈結局，癪にさわるから！　という事なんですね．あなたの気持ちを聞こうとすると，何回も何回も聞かないと，本音が出てこない．他の理屈や事柄を言ってね〉と言わなければならなくなっている．

　そこで，患者は「先生わかっていると思って．見当つくでしょう？」と，言わなくても分かるでしょう？　あるいは，言わなくても分かってくれたらいいでしょう，といった甘え，依存的なことが述べられている．

　そこでまた，〈分からないね．それは聞かないと．あなたが言ってくれないと．あなたはよく，皆そうでしょう，とか，誰でもそうでしょう，とか言うがね．皆であろうが誰でもであろうが，とにかく，あなたがどうなのか？という事を見ていこうとしているのだからね〉と分析療法の基本についての説明，確認を行い，要するに，話さないと分析者に分からないし，分析療法にならないという事を説明し直す形で"話すこと"を促しているのである．

　そうすると，「それと，ちょっと，やっぱり話しにくい．——笑い——」と本音を語っている．そこでまた，〈思いきって言わないと，治療がそこで引っ掛かる〉と促すと，結局，夫婦の性生活の回数を夫がきっちりやってくれないと，愛情がそれだけ減ったように感じてガックリすると述べている．そして，性感に関しては，むしろ，不感症的であるが，その満足感はなくて

も，夫の愛情を確認できるという事の方が大きいと述べている．

そして，さらに，「肝心な所で感じないのは，私なりの理由があるのよ」と語ってもいる．そこで，終わりに，〈今日，思いきって話したから話す気になった．あなたにとって性的な事は大事なこと．家族の事もだけど，性的な事と家族の事と絡んでいるかもしれないわね．例えば，一緒に寝ないと満足しないというのも，小学4～5年までお父さんと一緒に寝てたという事と関連しているかもしれないわね〉

〈では，今日はもう時間ですから，この次，その話をしましょう〉

〔第32回〕

はじめ，やはり言いにくかったようであるが，〈言わないと治療が進まないでしょう？〉と促すと，小さい頃から自慰をやり過ぎたからという事を語った．そして補足して，「主人との後でも，物足りないと自分でする」と語っている．

小学5年頃までお父さんと寝てて，中学頃までお母さんと寝てたという話となって，「お父さんは私を抱っこして寝てた．お母さんとは並んで寝てた」という事が話されたので，〈主人に抱っこして欲しいというのは，お父さんに抱っこしてもらっていた名残かもね〉「そうかも．——笑い——」というように解釈している．

〔第33回〕

主人が早出になるので気分を害して昨日から主人と口を利いていない，とか，社宅で自分が親しくしている奥さんが，他の人とも親しくしていると口惜しいような腹立たしさを感じる．とか述べるので，〈何でも自分の思うようにならないと面白くない，気にいらない〉と指摘，確認すると，「そうね．——笑い——やっぱり自分が末っ子で育っているから」「今でも両親共，私が一番可愛いらしい．私，両親に一番優しいし思いやりがあると皆に言われている．兄弟とも喧嘩しないし．優しいと思われているから期待を裏切らな

いように言えなくなる」と明確に自分の情態を語っている．

30回あまり，分析的治療を受けてきたので，自分を分析的見方でみる事ができるようになってきているのである．

そして，〈一番，照れ臭い，恥ずかしい事が症状に出てきてるわけやね〉「うん」で終わっている．

〔第34回〕

〈どうですか？〉「いいです」で始まっている．

しかし，まだ言えていないことが幾つか残っている．テレビで男の人の裸の姿について言ってた言葉が言いにくい，と言って間接な言い方で説明するので筆者には患者が言わんとしたことが分かったので，それは分かったとして，話を次に進めている．筆者も敢えて言うのが恥ずかしく照れ臭かったのである．

患者には恥ずかしくても照れ臭くても言いなさい！　と言っておきながら，分析者自身はそれを避けているのは分析者としてはあまり良くないと思われる．

性的な事が浮かぶのは分析者と父親に対してと語っているが，分析者と父親とを同一視している所があるのであろう．そして3日後に父親がきて滞在するのを気にしている．それが，どう気になるのか，あるいは，苦になるのかをもう一歩分析すれば良かったと考えられる．

〔第35回〕

来院したが気分が悪い，吐き気がするとのことで，そのまま帰る．

ちょうど，前日まで一週間，父親が滞在していたのである．恐らく，その生々しい体験があるので，その事に関して，今回，分析の中で思い出して話すことになると気分が悪くなり，特に吐き気がしたのであろう．

それだけ未だに父親との近親姦的体験が大きな影響を及ぼしているという事であろう．

〔第36回〕

　前回から4日後である.「ずっと胃の具合が悪い．全然，食欲がない」結局,「6月3日から9日まで．父親が来た日から全然，喉を通らなくなった．それから本格的に食欲ないなと思う」という事なのである．

　そしてまた,「テレビで，男の人の性器が……，先生が男の人だから言いにくい．食べ物に似ていると，調子がいいように言ってたのよね」「またムカムカしてきた」と言っていたが，結局，思い切って，テレビで言っていたと言う性的な言葉を話したので，〈これで一応，言いにくい事を言ってしまったね〉と言うと,「まだ言いにくい事がある」〈何？〉「先生の事」となり，それから以下のような問答で"症状形成の機制"が二人して確認されている．つまり，症状解釈が行われているのである．二人の共同作業の形で．

　〈性的な事？〉「それと，上に置いときたいのと下のとがくっついてしまう」〈上に置いとこうとするとかえって下の事が浮かぶ．上だけども下らない所があるじゃないかと？〉「そういう所がないと思いたい．打ち消したいわけ」〈打ち消したいと思うとかえって出てくる．こだわっているから余計に〉

　「何故，打ち消したいか，そこが問題」

　〈それは，例えば，お父さんとお母さんがセックスするなんて思いたくない，考えたくない，とか．上のものとして置いておきたいものを，くさす，やっつける，馬鹿にする，とかやってたわね〉

　「大元はそこですか？　根本は？」〈そう．他にないでしょう？〉

　「そうね」

　〈大元はこの二つで，それからあれこれ枝葉が出ているようなものでしょうね〉

〔第37回〕

　気持ちに引っ掛かっている性的な事柄が語られた事によって，しかも，症状解釈も行われたことによって,「大分，調子いい．吐き気も無いし，症状

も大分いいです」となっている．

　そして，次に話題になったのは，相手の人の服装とか食事とかが貧相だと，気の毒，というように気持ちに引っ掛かるという事である．

　これもコトバに結び付く事柄である．見合いした相手のハナ毛が目につくと気になったり，その人の勤めている会社の名が貧相だと，その名前がコトバとして浮かぶとかである．

　この貧相だと気になるというのは，自分の家があまり豊かでなくて，自分自身いつも姉たちのお古のお下がりの服を着せられていて，引け目を感じていた為という事が語られている．

　"分析的問答"を続けていくと自然と話がうまく流れていくのである．終わりの方では再度，性的な事に話題が移り，「男の人を見たらズボンの所が気になる．見るというより，気がそこへ行く，引っ掛かる」と話すので，〈ズボンの所に目が行く，と．男性のものに対して，どういう経験があるのか？　となるね〉〈何かあるはず．それを，この次に思い出しましょう〉で終わっている．

　一週間に一回の分析でも，毎回，話題の焦点をはっきりさせておくと，一週間たっても話の連続性は保たれるものである．

〔第38回〕

　最初，雨でイヤだなと思っていると，また，ちょっとコトバが浮かぶとか，何かまた，生活がつまらないとなってきた，とか述べるのを一通り聞いて，次のように話題を前回の続きにもっていっている．

　〈前回の続きですがね．目がいってしまうと，男性の性器に関して，見たとか見せられたとか，何か経験がありますか？〉とたずねると，例によって．「大した事じゃない」と逃れようとするので，〈前置きは止めて，大した事があるかどうかは分からないし〉と詰めていくと，「お風呂あがりなどにね，何かあの……，——笑い——父がよくパンツ一枚で居た時にね，父は小柄なのでね，ちょっと，横から見えるわけ．それが強烈に残っている感じでね」

と語っている．

そこで，〈ふっと男性の，その辺りを見るというのは，そこから来ているんでしょうね〉と症状解釈を行っている．

さらに，「中学3年の頃，男の人の，そこの所の話をよくしていた．教科書に似たような言葉が出てくるとクスクス笑ったりね」と話すので，〈気にしている，関心のある事をコトバで遊ぶということをしていた．それが今は症状として浮かんでくる〉と，そこでも症状解釈を行っている．分析も，この辺りまで進んでくると，このように自然と症状解釈の段階に達するのである．この解釈に対して，「そう．正しく，その通りやわね．恥ずかしいけど，そういう事に興味あるというか．今もそう」と，明確に感情を伴って確認している．

このように男性器に関心が集中していた事が確認されてきたが，その事に焦点が当たると，さらに，「ウチの人が眠っている時に，すぐに，その……，ひっついていきたくなる」〈言いにくい事を抜かして言ったね？〉

「そう．すぐ，触りたくなるの．夜中とか，朝方，目覚めると」

〈持ったまま寝たり？〉「そう．どうしてかしら？」

〈セックスではフェラチオをするわけ？〉「三度に一度は」

〈自分から？〉「そう．抵抗感じない．前は，もっとしてた」

〈前とは？〉「新婚の時は」

〈主人に要求されないのに？〉「そう」

いかに男性器に固着があるかという事を物語っている．

〔第39回〕

ここ2～3回，分析が煮詰まってきて，連続して核心に触れてきて，症状解釈を行ったので，さすがに少し応えて，そのために，この回は，〈どうです？〉「普通．でも，胃の調子が悪い．食欲もあまりない」と述べている．男性器を触っていると，どういうところがいいのか？ とたずねたのに対して，「何となく可愛いというか……」と答えている．

この"可愛い"というキイワードで以下のように繋げてみる事ができる．第18回で，分析者の事を"ちょっと，可愛いという所がある"と述べて，すぐに，"ウチの主人も，そういうタイプ"と言っている．これまでの話を総合すると患者の父親もそういうタイプに入るようである．

そうすると，"分析者，夫，父親は皆，可愛い所がある．三人共，大人だから身体は大きいが，それに較べて男性器は小さく可愛いく，それを自分の手中にする事ができて嬉しい"となる．さらに，フェラチオをキーワードとして，夫→分析者→父親と辿っていくことができよう．

とにかく，口唇期，肛門期，男根期に固着が強いタイプといえる．かくして，39回にして，言いにくいと言っていた事がほぼすべて語り尽くされたのである．

〔第40回〕
この回は，症状の事というより，今の社宅に居ても面白くない，という事が主に述べられている．

「私，無理するから，やっぱり人間的に魅力ある人にみられたいからね．でないと，皆が私から離れてしまいそうな気がするからね．──泣きながら──」「つい無理して笑いながら喋ったり．とにかく，つまらない人だと思われたくない．それがいつも頭にあるからね．あの人と居てもちっとも面白くないと言われたらイヤだから．もっと楽に話せたらいいんだけど」と語っている所などはヒステリー性格の人間の特徴である．

このようなヒステリー性格的な欲求不充足が日常生活の物足りなさをもたらしているところが大きく，また，身体的不調の原因ともなっていると考えられる．

したがって，コトバを中心とする強迫的症状は，ほぼ消褪したが，夫の転勤という事情がなければ，さらに，性格分析的な分析をつづけていけば，より根治的な治療効果をあげ得たかもしれない．

第4章　発症の心因と素因

　本症例の心因は「結婚するために現在の夫と見合いした」という事にある．これは，特定の男性と，患者の表現を借りれば"特別の関係，秘密めいた関係"をもつ事であり，やがて性的関係をもつ事を意味する．
　このごく普通の，見合いして結婚するという事が心因となったという事は，本症例の患者にとって，いわゆる幼児期に特定の男性と"特別の関係，秘密めいた関係"をもち，一定の性的関係を体験し，そこに抑圧が働いたという事を意味することになる．
　分析の逐次的記録の所で明らかなように，それは幼児期から児童期にかけての父親との極めて近親相姦的な体験であろう．
　つまり，小学校4～5年まで父親と一緒に寝ていたのであり，しかも，父親に抱っこされていた，と述べている．それ以上の事は聞いていないので，それ以外具体的な事は分からない．しかし，これだけの資料で十分に心的素因として作用していると考えて間違いはないと思われる．
　さらにファルス（男性器）への固着である．すなわち，男性に出会うと，つい視線が，その男性のその部分にいってしまうという強迫行為．結婚早々から相手から要求もされないにも拘わらず自分から求めてフェラチオを行って飽きない．就床中も目が覚めれば夫のファルスを手慰めのように弄んでいること．これらは直接的には子供の頃，風呂あがりの父親のファルスが見えていたという体験によると考えられるが，これもまた，父親と一緒に寝ていたという事とも関係していると推測する事もできよう．
　さらにまた，見合いした夫の欠点やすっきりしない点などを，自分の母親や姉に対して庇ってあげなくては，という思いに駆られる，というのも，幼少期以来，何かの折りに母親や姉が，父親の悪口を陰で言っているのを聞い

て可哀想と痛切に感じた，と述べているのに対応している．

　以上あげた事柄・事情・状況などから素因の中心は父親との関係にあると言えるが，その他にも夫に対する気遣い，求める事，などは明らかに父親に対してのものである．例えば，夫に対して良い妻でありたい，夫に気にいられ，褒められ，認められたい，などというのは，幼少期から父親に対して良い子として気にいられ，褒められ，認められるように振る舞っていた，というのと全く同じである．

　ところで，このような素因が存在するために〔思春期〕に既に同じ型の「強迫症状」が認められている．

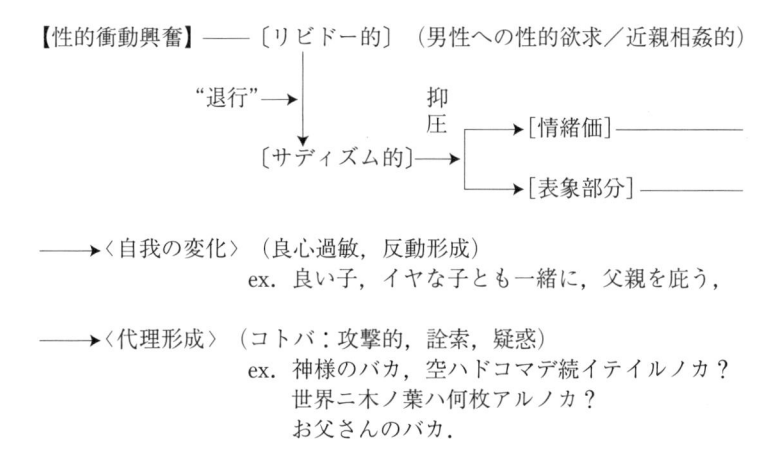

【性的衝動興奮】——〔リビドー的〕（男性への性的欲求／近親相姦的）
　　　　　　　"退行"→　　　　　抑
　　　　　　　　　　　〔サディズム的〕→ 圧 →［情緒価］————
　　　　　　　　　　　　　　　　　　　　　　→［表象部分］————

——〈自我の変化〉（良心過敏，反動形成）
　　　　　　　　ex. 良い子，イヤな子とも一緒に，父親を庇う，

——〈代理形成〉（コトバ：攻撃的，詮索，疑惑）
　　　　　　　ex. 神様のバカ，空ハドコマデ続イテイルノカ？
　　　　　　　　　世界ニ木ノ葉ハ何枚アルノカ？
　　　　　　　　　お父さんのバカ．

「神様のバカ」「お父さんのバカ」は攻撃的，非難的な感情が単なるコトバとして浮かんでいる．「空ハドコマデ続イテイルノカ？」「世界ニ木ノ葉ハ何枚アルノカ？」といった強迫的詮索・疑惑の多くは父親に対する攻撃的嘲笑欲の継続であるとS.フロイトが"強迫神経症の一例の考察"の中で説いている．

　〔幼少期〕（5歳頃）にも既に"気が狂わないか!?"とか"唾が飲み込めなくなったらどうしょう!?"といった「恐怖症・不安ヒステリー」に似た不安

発作があったとのことである．

このような「恐怖症」あるいは「不安ヒステリー」で発症した子供の多くは，後に本物の「強迫神経症」に発展していく，とアンナ・フロイトが "Normality and Pathology in Childhood"（児童期の正常と異常）の中で述べている．

また，幼児期よりオナニーをしていたとのことである．幼児期の手淫はエディプス・コンプレックスの執行者といえるが，また，幼稚園の頃から緊張すると性器の辺りが感じる，と述べている．神経症的リビドー鬱積が起こり，耐え難く感じられる内的緊張を性器的にはけさせるために手淫を行うこともあるのである．（強迫性手淫）．

患者の性格について

中心的な性格傾向は"強迫性格"で小さい頃から既に「我が強い．頑固．コッテ牛」などと言われていたとのことであるが，対面で話していてもしばしばわがまま・反抗的な態度となる．つまり，概念，言語を用いて治療を妨害する．理屈っぽく，観念的で，かなり自己抑制的で照れ屋，些事拘泥，几帳面な所がある．

しかし，また"ヒステリー性格"の傾向も認められる．頑固で理屈っぽい反面，感情的で気分本位な所もあり，神経質で過敏で気遣いが多く不安定であるが，勝ち気，自己中心性，自己顕示的，要求水準の高さ，など認められる．対人関係では気を使い，コケティッシュな態度・表情，嫌われないように，好かれるように，お利口さんで，可愛いがられよう，認められ，褒められるように，等々．

つまり，肛門期的な強迫性格と口唇―男根期的なヒステリー性格であるが，先制攻撃的防御といわれるようなW. ライヒのいう，肛門期と男根期との中間の"男根期的自己愛性格"の特徴も認められる．しかし，手淫等価の転換症状とも言われている夜尿が長く続いていることからみて"尿道愛的性格"

と言えるかもしれない.

　要するに，症状からみても，強迫症状，夜尿，転換ヒステリー的身体症状，つまり，肛門期，尿道期，口唇―男根期，それぞれの症状である．

第5章　症状形成の心的機制

　本症例の現症の始まりは，現在の夫との見合いが始まった時である．男の人と近付きになるといっても一般的な関係の人だとどうもないが，特別の関係とか秘密めいた関係となってくると，おかしくなるのである．
　つまり，避けたくなる感じになってくる．顔もまともに見られなくなるような感じになってくる．まして，その人に完全でない所があると，そこが気になって，すぐそういう所を見たくなる．
　この人は上においておきたい，悪口を言うまい，批判をしないで，と押さえて，そう思いたくない，思ってはいけない，と思っても，それが渾名になって浮かんでくるのである．
　そして，浮かんでくる言葉は要するに，揶揄するような「性的な言葉」と「攻撃的・嘲笑的な言葉」そして「自己叱責的な言葉」などである．
　夫となった男性と見合いするという事は，進展すれば，交際から結婚という事になり，性的な接近を意味する．それは分析経過で明らかになったように，結局は父親との近親相姦的な接近を想起させるものである．（小学校4～5年まで父親と一緒に寝ていた事．風呂あがりの父親のペニスが見えていた事）
　また，見合いした時に「鼻毛」が見えていた事，相手の勤めている会社の名前が「もっさり」している事，そういうみっともない事，格好よくない事などは，批判をしないで，思わないでと思ったのである．これも，結局は，父親がしばしば，そのようであった事を想起させるものである．
　このように相手を揶揄したり批判したりする自分を「自己非難」してもいるのである．
　以上のような被圧迫的内容が，そのまま意識的であり得るのが『強迫神経

症』の分離（Isolierung）の特徴である．強迫神経症者は本能闘争から遠ざかり「感情の世界」から「概念の世界」に撤退し，さらに「言語の世界」に逃れようとするのである．

S. フェレンツィによれば「自我の現実観念発達段階」の「魔術的観念および魔術的言語の万能期」への退行である．

本症例の症状形成を S. フロイトの『強迫神経症の定式』に当てはめてみると：

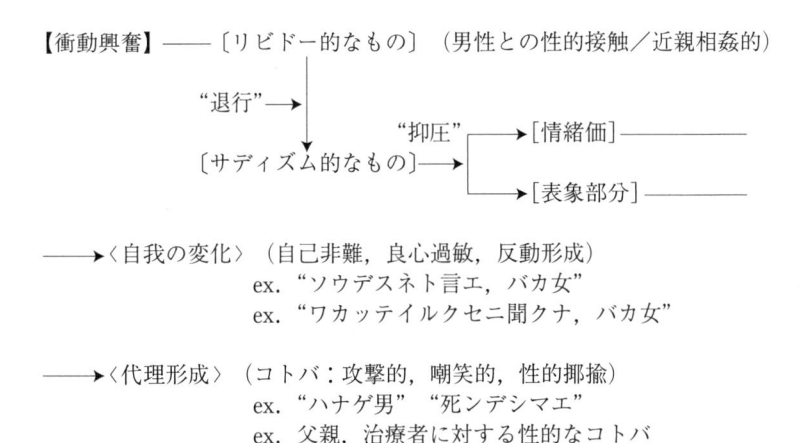

【衝動興奮】——〔リビドー的なもの〕（男性との性的接触／近親相姦的）
　　　　　　　"退行"→│
　　　　　　　　　　　↓　　"抑圧"→［情緒価］————
　　　　　　　〔サディズム的なもの〕→
　　　　　　　　　　　　　　　　　　　→［表象部分］————

　　——→〈自我の変化〉（自己非難，良心過敏，反動形成）
　　　　　　　　ex. "ソウデスネト言エ，バカ女"
　　　　　　　　ex. "ワカッテイルクセニ聞クナ，バカ女"

　　——→〈代理形成〉（コトバ：攻撃的，嘲笑的，性的揶揄）
　　　　　　　　ex. "ハナゲ男" "死ンデシマエ"
　　　　　　　　ex. 父親，治療者に対する性的なコトバ

なお，幼少期から現在まで「心身症」というよりは転換ヒステリーのような身体症状がつづいている．つまり，「小さい頃から，言いたい事が言えない．物足りない，満たされない．という状態がつづき，ほとんど毎日，身体のあちこちが悪かった」と述べている．

また，夜尿も中学までつづき，結婚してからも，時々，漏らすことがあるという．夜尿は尿道愛，肛門愛，皮膚愛的快感をもたらすと言われる．また，手淫等価の転換症状とも言われる．

ところで，第20回で「症状を無くしたくない．何か物足りなくなって，慌てて取り返すんではないか？」と語っている．症状は自我による衝動と超

自我との妥協形成物であるので，そこには欲求充足の部分も含まれているからであろう．

　また言葉にリビドーの過重備給が行われる結果，考慮と言葉が性愛化されているのであろう．

　K．アブラハムも，考慮・言語に関する万能感は幼児期における排泄官能の自己愛性過重視の反復である，と述べている．

　第4回で「呼吸したり，瞬きする時に気になったりする．物凄く意識的になる．何故こんなになるの？」と述べている．これは恐らく筆者の症例経験によると原光景体験に由来するのではないかと考えられる．小学校4～5年まで父親と一緒に寝ていたのであり，中学まで母親と一緒に寝ていたというのであるから，両親の性生活を見たり感じたりしていたに違いない．そのたびに，気づかぬ振りをするために，呼吸をするのも，瞬きをするのも，物凄く気を使って意識的になったことが強迫的に反復されている可能性が大きい．

II 不安ヒステリー

第6章 症例の概略 ──────── 123
　(1)主訴と現病歴 ──────── 123
　(2)生育のあらまし ──────── 124
第7章 分析過程 ──────── 125
　(1)全体の概観 ──────── 125
　(2)分析の経過──分析技法の実際 ──────── 126
第8章 分析技法 ──────── 161
　(1)分析技法の基本の概説 ──────── 161
　(2)分析過程の逐次的解説 ──────── 173
第9章 発症の心因と素因 ──────── 200
　患者の性格について ──────── 202
　本患者の恋愛・結婚・夫婦生活 ──────── 205
第10章 症状形成の心的機制 ──────── 209
　不安ヒステリーの症状形成機制 ──────── 210

第6章　症例の概略

ケースB　30歳代　主婦

(1) 主訴と現病歴

　4年前のある日，犬の糞を踏んでいたのに，それに気付かず，4～5日してから初めて，その事に気付いた．すると急に，その気付かなかった4～5日の間に，その糞がいろいろな物に触れたのではないか？　と気になりだし，直接・間接に触れたと思われる物をすべて洗ったり拭いたりした．しかし，それでもおさまらず，その後も黄色いものが着いていたりすると大便ではないか？　と汚く思い，洗わずにはいられなくなった．洗濯物を干していても，小鳥の糞がつかないかと気になって，取り入れる時には念入りに調べ，ちょっとでもシミのようなものが着いていると洗い直さないではいられなくなった．トイレへいっても誰かがどこかに大便をつけていないかと気になり，どこにも触れないようにと緊張するので，ついには足がガタガタ震えだすこともあった．ところで，そもそも犬の糞を踏んだのは，主人が玄関前のコンクリートの所に車をおいていたので側の土の上を通って入らねばならなくて，その時に糞を踏んだというのである．この4年間，あちこちに受診し治療を受けたが症状は次第にひどくなり，一日中気が安まらず，汚れることへの恐怖と休まることのない掃除と洗濯，それにまつわる緊張とで，時には死んだ方がましだと思うくらいになった．そして外出するのも不安になり，それかといって一人で家にいるのも怖いという状態となり，ついに本人も主人も耐えられなくなって，特別に相談にいった医師から筆者を紹介されて受診してきた．

(2) 生育のあらまし

　生家は小規模自営業，父親は仕事に専念し真面目で愛妻家である．母親は父親にしたがって家業と家事に励んでいる．同胞4人の第3子で姉2人，弟1人．出産と発育は順調であったが，4〜5歳頃に「はしか」にかかり，それが内攻してこじれ，一年あまり健康がすぐれず，そのために"ひねくれ""人見知り"するようになった，とのことである．（本人によると，当時，親がもっと早く気付いてちゃんとしてくれなかったからだ，とのことで，未だに恨みがある，と述べている）その他は特記すべき病気にはかかっていない．ただ中学を卒業する頃まで，時々「じんましん」が出て痒くてたまらなかったが，その時は，普段は子供のことは構わない父親が自分で背負って医院へ連れて行ってくれた．親は仕事に熱心で愛情は薄い方だったと思う，と述べている．

　卒業後，事務員として小企業に勤めた．父親への反抗から夜遅く帰ったりした．しばらくして2歳年上の男性と親しくなったが，結局は裏切られた形となり傷心落胆，失意の状態の時に今の夫と知り合った．当時の夫は常軌を逸するほどの熱の上げかたで，とてもよく構ってくれ親切で，熱心に求婚されたので，自分の方はそれほどでもなかったが，これほど親切に優しくしてくれる人なら結婚しても幸せになれるだろうと思って結婚を承諾し，夫の任地で所帯をもった．

　一年後に長女を出産，4年後に長男を産んだ．少ない夫の月給で上手に所帯をやり繰りし，長女にはピアノを買って習わせるなど，夫の同僚や上司の家の子に負けないようにと頑張っている．ところが，夫は次第に付き合いだとか称して外で自分勝手に遊ぶようになり，家の事は構わなくなってきた．その上，家計の苦しさも考えず，相談もせずに車を買ったりして等々の不満が高まっていた．

第7章 分析過程

(1)全体の概観

　本症例の治療は初診を含めて対面での治療が計11回，自由連想法が計16回，その自由連想法の間に抵抗というよりは行動化という方が適当と思われるが，患者が自由連想法を拒否しての対面法になってしまったのが計6回．合計33回で治療期間は約8ケ月である．

　初診から11回目までの対面での治療を〔面接〕と記し，自由連想法中の対面での治療を〈対面〉と記すことにした．

　自由連想法の第1回から第6回までの間に計6回対面での治療になったが，自由連想法第6回目より最後の第16回目までは11回連続して自由連想法で精神分析は進行したのである．

　本症例は症状，性格ともに激しく，最初から自由連想法の枠の中で分析を行うのは難かしかった．

　もちろん，当時の分析者である筆者の分析家としての腕の未熟さにもよるのであるが．

　要するに，症状形成の機制は第10章で詳述するように「不安ヒステリー」といえるが，診断学的に分類すれば「境界例」に入れるのが妥当かもしれない．

　とにかく，約8ケ月間の人間存在分析によって症状は消失した．もちろん，それと並行してパーソナリティの構えにも一定の変化は認められているが，分析が行われたのは症状消失の段階までである．

(2)分析の経過——分析技法の実際

〈　〉：分析者の述べた部分，「　」：患者の語った部分．
　ただし，記録といってもプライバシーを侵さない事と紙数の制約上すべて抄録である．したがって，述べた事が短縮して表記されていたり話題がつながっていない所もある．

〔面接1～3回〕ほぼ毎回，夫が車で連れて来院．夫婦同席面接．
夫：「こんなになったのはあなたのせい！　もっと早く気がついて医者へ連れて行ってくれなかったからや！」と私を責めます．2～3ケ月前は「気になってしょうがないんや」とか「こんなぼろっちい洗濯機ではダメ」とか言ってました．「自分の好きな車を買って，自分の事ばかりして．私の事を構ってくれない」と言ってました．育児の間は，そんな事は言ってなかったのですが．なだめにいくと蹴ったり引っ掻いたりします．今日，病院へ来る時「汚い事は子供がするんやから，このまま二人で，どこかへ行こう！」と言ったりしていました．
患者：「一人で家にいると不安で怖い」「周りの人から気違い扱いされる位なら死んだほうがまし」「主人を苦しめるし，こんな母親がいたら子供にも悪い影響があるし」「主人がもっと早く治療に連れていってくれてたらよかったんです」

〔面接—4回〕
　この回より，夫が何か話がある時は最初に聞き，後は患者と1対1の面接となる．点線から点線までがその部分である．
....
「主人はサラリーマンで大した望みも持てないし，趣味や性格が合わないし，結婚2～3年して失敗だったと思うようになった」
「ノイローゼになって新聞，テレビ，買い物とかほとんど手がつかない．

子供にも神経がむかない」

〈ノイローゼになったために主人に対する不満などは段々と苦ではなくなって，もう症状の事で一杯となってしまった．主人に対する不満やいろんな問題が本来の場所から症状へと置き換えられた．犬の糞は火付け役．不満や問題を整理して行かないと〉

「もう苦しまんでもいいように死ぬ薬を下さい！」

〈死んだら楽になる．けど，治ったら楽になるでしょう〉

「先生，治す自信あるんですか!?」

〈治療していけばノイローゼが治るということですよ〉と述べて，以下のように説明した．

〈こんなになったのは主人が悪いとか，性格・趣味が合わないとか，希望が持てない，気性が激しいからとか理由を挙げておられるが，確かに，それらも原因のうちに入るでしょうけど，あなたが気が付いていない所，忘れている所にも原因になるものがあるかもしれない．何故こうなってしまったのか？ その事について私と話しながら考えてみましょう，見て行きましょう．主人にも親にも兄弟にも言えない事でも，第三者で精神科医である私には言えるはず．あなたの言った事は誰にも口外しない事になっていますから．一人では，いくら考えても把みきれない解明できないことでも，専門的な面から私があなたの話を聞きながら一緒に見ていったら，それができるということです〉

〈外側の汚い事は我慢しながら，内面の苦しみ不安は精神療法で治して行きましょう〉

....

〔面接―5回〕

....

「喋った事が主人に分かったら困るから適当に喋っとこう」

〈家族の人には言いませんから安心して話して下さい．本当の事を話さないと治療になりませんからね〉

〈とにかく，何がどうこんがらがっているのか見て行きましょう．症状の事ばかり言ってても解決とはならないからね．始めに芯になるものがあって，それに雪だるま式に重さなっていっているんですからね〉

ほぼ以上のように前回に重ねて治療法について説明を加えると患者は大体納得したようであった．

なお，この回，次のような手記を持参した．

『分かり切っている事を妄想のようにとりつかれてしまう，恐ろしいことだ．自分では洗い直さなくてもいいのにと思いながら，もう一人の自分が"洗え，洗え"と，そうさせてしまうのである．自分で自分をどうにもできない弱さがある．正常な人が分かり切っている事に，それに負けてしまうというのは人間としての姿勢に一つ不足している点があったように思う．感謝の気持ち，暖かい心に欠けていたと思う．ここ3～4ケ月の苦しみ，自分に哀れみを感じるが，これも人間性に欠けていた罰のようなものだ．第三者からみれば，勝手に苦しんでいるだけで，阿呆らしくなるだろう．肉体の病気の方がどれだけましか．誰かがちょっと汚いと思う事をすると一瞬，頭が混乱するのだ．

こんな母親で子供が可哀想だ，いない方がましだ．いっそ気が狂ってしまった方がましだ．これからの人生に自信がない．

強く図太く生きなければ，便なんて綺麗ではなくても恐れるほどのものではないはずではないか．こうして書き物をしているだけで私は心が安まる．私はもっと早くこの病院に来るべきだった．そしたら立ち直りも早かったろうに．いかに馬鹿げた事で悩んでいたことか．もっと人生をドライに生きよ．やはり死ぬのは怖い，主人や子供も愛しい．一人で苦しんでいたことが悔しい．先生の力を早く借りたかった．今は，それが悔やまれてならない．』

....

このように殊勝なことを書いているかとおもうと，次の回は——．

〔面接－6回〕

夫：この一週間「甲斐性なし！」「病気をここまで放っといた！」「好きなんやったら殺して！」と言ったり，「頼るのはあなただけ．会社と私と，どちらが大切か？　休んでいてくれ！」などと言うので2日休みました．
患者：「主人に抱っこしてもらっていた．食事ごしらえも主人がしてくれてた」「我慢した方がいいの？　気の済むまで洗った方がいいの？」
　〈我慢した方がいいですね〉——手放しで泣いている——

……………………………………………………………

　〈手放しで泣いて，まるで3つ4つの子供みたいですね〉
　「もう，どうしたらいいの！」
　〈どっか気持ちが育っていない所があるね．変に気が強かったり，弱かったり．ぽつぽつ自分の気持ちを考えてみて，治していかないと〉
　——甘えた態度で頭を机の上にのせて——
　「どんな気持ちで生きていったらいいの？」
　〈一言で言うと，年齢相応の分別ができることと，大人になることですがそれには，どうしてこんなふうに分別できなくなってしまったのかという事を見ていくことですね．つまり，自分の言動，気持ちの動き，考えかた等を振りかえってみることですね〉

……………………………………………………………

〔面接—7回〕
夫：あまり汚いと言わなくなった．

……………………………………………………………

〈この一週間はどう？〉
　「大分ましです．主人は私が変になってから，胸がドキドキしたり目まいがしたり．割りと気が小さいのでショックを受けたらしい」「この一週間も，よく抱いてもらってた．子供の前でも以前からキスなんかしてた」

　以上のような事を話して，終わりの方で，

「先生，本気で治す気になってくれてるの？」
〈このように治療してきて，あなたのノイローゼが治るまで治療していきましょうとやっているでしょう？〉

〔面接―8回〕

「周囲の人が少し気をつけていてくれたら，こんなにならなかったのに」
〈それもそうだがノイローゼは自分の気持ちの中からなるものですよ〉
「どんな心構えでやればいいのかなと思っているのだけど」
「夜も寝られない．気違い扱いされてるもの．我慢できません」
〈手記はこの頃書いてない？〉
「つけてない．質疑応答でいく」——媚笑しながら——
「考えの整理はしているけど」
〈どう整理できた？〉
「トイレも平気で行ける．周りに不潔な人がいても平気で擦れ違える．洗濯も普通にやれてる」
〈今日は特別に言う事はない？〉「もう治ったみたい」

　対面での治療が，ここまできて"自由連想法"の説明を行っている．
　〈何が一体どうなっているのかを解明していく一番徹底した方法として自由連想法という方法があります．それはカウチに横になって約40分間，頭に浮かぶ事をすべて浮かんだままに話すというやり方です．その際，これは大事な事だが，これは治療に関係のないささいな事だから言わないでおこうとか，こんな事は言ってはいけない失礼なことだとか，一切のいわゆる是非善悪は棚上げにして自分を見ていくというやり方です．
　連想中は私は原則として一切口を挟みません．自由連想がおわった後，椅子に座って約20分間，浮かんできた事を資料としてあなたの中で何がどうなっているのかを一緒に見ていくのです．今の治療法で特別に言う事がなく

なってきたら自由連想法でやりましょう〉

しかし，自由連想法には，すぐには踏み切れず，次の回も対面法となる．

〔面接－9回〕

「主人が，自分で自覚して治そうとしないといけないと言う．自分でも忍耐して努力しようと思う」
「主人が家事のこともやってくれるので大変で，自責の念にかられている」
「犬を見ると，声を聞いても気持ちが悪い．前から動物はすべて嫌い」

〔面接－10回〕

「どうだこうだと批判されるの好かない．それとあまり心理面ばかり，どれがどうしてと探しあてて．それをどうしたら治るというの!?　それより，もっと，これ位の事は汚くない，とか言ってほしい」
〈主人にも，そのように言ってほしい？　言ってほしかったと？〉
「精神科に連れてきたりして気違い扱いされたから一生恨んでやる！」
——泣きながら——
〈感情が激しいね．家では，もっと激しい事をやってたんでしょうね〉
〈精神科に連れてこられたという事だけでなく，前から，結婚して5年，10年たつと段々と構ってくれなくなったとかいう不満があったんですね．放ったらかしにして！　とか主人に言わなかったの？〉
「我慢できなくて言ったことあったけど，言っても反応がなくて……」

〔面接－11回〕
——かなり興奮気味——

II 不安ヒステリー

「今日は病院なんかに来たくなかった！」

〈一体，何があったんですか？〉——無言——

〈ご主人との間で何かあったんですか？〉

「自殺だけはしてくれるなと言う．それは後，嫁に来手がなくなるからで，病気で死ぬんならいいけど，自殺されたら俺が困る，と言うてました」〈そんな事があって腹立てているんですね．それであなたがひどく興奮している訳が分かったけど，話を聞かないと分からないものね〉

以上のような，やりとりがあって，「買い物に行っても，どれにしようか？　とか，買ってきても，他のものにしたら？　とかいろいろ迷う」

〈なるほど，何か，すぱっと決まらない，できない．それは御主人との間でも，そうなるんですね．どっかに何か気持ちが残るというか……〉

．．．

12回目にあらためて自由連想法を勧めると比較的素直にカウチに横になる．

〔自由連想法：第1回〕〈＝＝＝で囲まれた部分が自由連想の所．その中で［　］の部分は，連想内容の要約〉

==

病院なんかに連れてこなくったって主人の愛情でどうして治してくれなかったのかと悔しくてしょうがない．——低い声で泣きながら——屈辱感で云々．子供が可哀想だから早くよくならないと．2〜3日何もかも忘れて寝てみたい．

当分の間どんな話をしていいか分からないけど……．

==

〈主人の愛情に不満があるのね〉

「一緒に死んでやるからとか言っておきながら……．主人には憎しみだけ．だからもう離婚するつもり．こんなことしてる位なら死んだ方がましだわ．——泣きながら——主人は物欲と自分のことで一杯で．自尊心を傷つけら

れる方がよっぽど苦しいわ」

〔対面－1〕
　一度はカウチに横になりながら，「自由連想法はイヤ！」と言って起き上がり座ったままで話す．
　「先生に説得してほしい．例えば，もっと食べ物に気をつけろとか……」
　〈説得してほしいとあなたは言われるが……？〉
　「タバコでも喫い過ぎると癌になるとか．主人や身内の者は言ってくれるけどね」
　「ノイローゼになってから一人でいるのが怖い，不安，子供ではダメ，主人がいないと．子供を親戚にあずけて主人と二人で暮らしてみるわ．そしたら落ち着くんでないかな．ところが主人は昼間はいないし．もう離婚する！向こうから言われん先に，こっちから言う．向こうから愛想尽かされんうちに！　先生も愛想尽きたでしょう」

　などと次々と話しながら，

　「もう匙投げたな？」
　と媚笑しながら，やや馴れ馴れしい態度である．そこで，

　〈愛想尽かしを言っておきながら，愛想尽かされないか？　と私に対しても主人に対しても全く同じに不安になってくる．いろいろ言っておきながら，もう匙投げられたかな？　と弱気というか心配・不安になってくるんですね〉
　〈説得してほしいと言われるが，あなたが言っている説得というのは．自分のことを考えてほしい，心配してほしい，構ってほしい，ということで，治療だけではイヤということですね〉

大略，以上のようなことを分析者は患者に述べている．

〔対面－2〕
この回もまた座ったままでの話となった．

「解明なんかしなくてもよく分かっている」
と発症の状況をまた述べる．
「説得してほしいんだけど……」
〈あなたの言われる説得は，心理療法をするのではなく，もっとあれこれ言って欲しい構ってほしいという事で，主人にも構ってほしい愛してほしいということですね．
〈ところで，これまで，ずっと誰かが構ってくれてたので，それが無くなると不満がつのるのか，それとも今まで誰も構ってくれなかったから構ってほしいのか，どちらなんでしょうね？〉
「そら構ってくれましたよ．付き合っててね」
〈とすると，家の人はどうだったのですかね？〉
「別に，独り立ちになったからね．5～6歳の頃かな？ ハシカが内攻して一年か一年半ぐずぐずしてね，あれで気持ちがひねくれたと思う．もっと構ってくれていたら，あんなにこじれなかったのに．親が悪いんだと言ってやった」
〈なるほど！ とすると，今度，主人に対して言っている気持ちも全く一緒ですね．そして，そんなんなら死んでやる！ と．ひねくれて，ふてくされて，というか，当てつけというか，で"死ぬ"と言う〉「もう帰る！ 嫌や！」――泣きながら――
〈そんなふうに3つか4つの子供のように言う．年齢相応の分別がないわけではないのに．この前の手記にはちゃんとした事が書いてある．だのに気持ちが昂じてくると，このようになる．このまま帰っても何ともならないのに．もちろん，今のあなたとしては，ゆっくり治療を受けるという気分にはなか

なかなれない心境だということは分かるけどね．主人はどう思っているか？　愛情が冷めたのではないか？　匙を投げられたのではないか？　子供は可哀想，とかね．しかし，ノイローゼを治す治療は治療として受けましょうと決心するだけでいろいろ乱れている気持ちが少しはまとまってくる．そして治療が進むと主人もそれをみてあなたに対する気持ちが変わってくる，するとあなたも落ち着いてくる，子供も，お母さん一生懸命に治そうとしていると思う．今のままだと，それが悪循環になってしまう．

さっきの話で5～6歳頃の気持ちが今も残って働いているという事が分かったね．そうすると，なんだ，そんなふうに引っ掛かってたのか，子供みたいに，と段々に自分がつかめてくるわね．

とにかく小さい頃からのいろいろな引っ掛かりを沢山ひきずっているのでそれが何かの時に，あちこち引っ掛かって身動きとれなくなってしまう，それがノイローゼとも言えるんだから，何をどんなふうにひきづっているのか，はっきり見てゆきましょうという事ですよ〉

——患者の表情は次第に穏やかになって——

「私は主人と先生を一緒にしているんですね」
〈そうねぇ，強気に愛想尽かしを言っといて，捨てられないか？　匙を投げられないか？　と心配してみたり．強気になったり弱気になったり〉「私，案外弱いところあるのよ」
〈とにかく強気で言っているようだけど，どっか言い切っていない所が，弱気な所が残っていて，それが積もってくるとワーッと爆発する，とそんなふうになっているね〉
「そうなのよねぇ」

〔自由連想法：第2回〕
この回は素直に自由連想となる．

===

病院へ早く来ればよかったと思っている．汚れれば洗えばいいし，服も点検は止める事にしたのね．早く今までの償いをしたい．

どんな事でもできる自信がつきました．以前と同じ気持ちでやろうと心に決めました．お母さんやお姉さんにも会いたいし，心を癒しに実家にも帰ったり．

汚れがついて命にかかわるわけでもないしね．先生に甘えていたし．治療をしているんだという反省もしたし．汚いことは避けて避けて，何でも主人にやらしていたから余計こじれて．避けずに挑戦するような気でやった方が……．子供に不自由な思いをさせたと思う，償わないと．

確かに常識的に考えて，ばかばかしいノイローゼと思う．他へ気を向けてね．健康とか，子供の教育とか，主婦の仕事とかに専念するとか．私が一番信頼しているのは姉の所．そこへ行って静養して．

最初は先生が治療してくれると思ってたけど，自分の努力が一番大事だと思う．

===

「義兄は説得一本やりでね．いい事を言ってくれる．身内だから一生懸命にね．魚でも綺麗な水の中より汚水の中での方がよく育つとか．

実の妹なら二つ三つぶん殴ってやるんだがと言う．わがままだと．中学の頃から義兄は好きだった」

〈なるほど！　私に治療でなく説得してほしいと言っていたのは私に義兄のようにしてほしいという事だったんですね．主人のようにでなく〉

〔自由連想法：第3回〕
===

トイレの掃除もできた．忙しくしている方が他に神経を使わずにいいと思う．"夢"をみました"鴎外の雁のストーリー．岡田という学生とお玉との恋愛の話．岡田という学生と先生がダブッてね"，何か変な．主人も大変，

げっそり痩て，可哀想でちょっと涙がでる．子供に主人が，他のお母さんも
らってもいいか，と聞くと，お母さんの方がいいと言ったそうで嬉しくてね．
こないだ婦人科へいったけど，ひやひやしてね，やっぱり健康が第一だと，
不潔恐怖症なんかふっとんでしまいますね．夏休み実家の方へ行ってゆっく
りしてきたい．

　今度は主人の事で私が悩むんやないか．主人が病気になるとか，車で事故
を起こすとか，何かそういう予感がある．

　先生のためにも喚いたりしない，という気がしてるんだけどね．熱心にし
て頂いているし，尊敬しているしね．いい先生だったという事をね，主人に
も分からせるためにピッと指でも切ってね，血判でも押してね．

　何か精神的に大分参ったみたいな気がする．自分に対して不憫な気持．
恥さらしもいい加減にしないとね．主人や子供ばかりか皆から見放されるか
らね．それに較べたら，どんな事でもできるしね，自信がわいてくるわけだ
けどね．

==

〈主人や子供にすまない，埋め合わせをしたい，先生にも治って名医にし
てあげましょうと．とにかく頑張りましょう，というのはいいですが，そも
そもノイローゼになった元の不平不満分子の言い分もよく聞き整理しておか
ないと，またゲリラになって出て反乱をおこすからね〉

〔自由連想法：第4回〕
==

　娘が3歳の頃，向かいの家の犬に咬みつかれて今も傷痕がのこっている．
それからどの犬を見ても憎い．夕べは怖い夢をみた．何か怖い感じがある．
瞬間的に怖い気持ちがわいてくることがある．何か起きそうな予感がする，
子供が怪我するとか，主人が何かなるとか．私が誰かのために苦しむような
立場になるという予感が．

　姉たちは私みたいにふしだらな事はしていない，私はだらしないとこもあ

る．結婚してからは，きちんきちんとしてないと気が済まないし，主人以外の人に気を向けたこともなかった．今までは一人でいるの好きだったけど，孤独を楽しんでいたんだけど．今度は一人切りになった時に怖さを感じないか？　ここで耐える事を鍛えられたから耐えるのがずっと守って行かれたら．

　以前は主人に恨みつらみを言ってやろうか，どんな仕返しをしてやろうかと怒っていたんだけど，今は全然そんな気持ちはない．まあ，娘時代からおかしな事をしているからね．でも，しこりみたいなものを持って……．気持ちひとつで自分はやり直せると思うんだけどね，挫けてしまうかどうかはね．視野を変えることをしたいと思う．

　こないだまでは主人に散々言って死んでやろう思っていた．気ままな生活をしていたからね．自分が天下をとってやってたからね．主人も子供もしたがっているでしょう．主人と子供と平凡に暮らしてるのが人間らしい幸せな事と思う．

＝＝＝＝＝＝＝＝＝＝＝＝＝＝＝＝＝＝＝＝＝＝＝＝＝＝＝＝＝＝

　〈視野を変える事もだけど，実態もちゃんとみて解決しておかないとね．短期間に気分が変わるでしょう！　その時の気分，考えだけではなく，ずっと通してみてみないと，考えてみないと〉〈気ままな生活をしてたと？　例えば？〉

　「主人が遅く帰ってきた時は勝手に食べなさいと放っといたり．主人が話を聞いてほしいと言っても聞かなかったり」

　〈で，自分の方は話を聞いてもらう？〉

　「そう．今からでも聞いてくれなかったら横になってやる！」

　〈辛抱して頑張ると言っていたのが，早そんなふうに無茶を言う！　頑張ると言っていても頼りない．頭で分かっていても気持ちが治まっていない〉

　「先生のためにも治ってあげる．先生を名医にするためにね」

　〈まだまだ治療をしていかないと感情の反乱が押さえ切れなくなるねえ〉

　"反乱"と言うと，途端に表情が硬くなりちょっと泣き出しそうになる．

〔対面—3〕
今回どうしても対面で話したいとのことで……，

夫：程度は軽くなったが，まだ少し汚いのが気になって洗っている．家事は私と半々にやっている．時にまだ離婚するとか，親に電話して，幾らかかっても東京の病院に連れていってくれたらよかったのに，とか悪態をついている．私への面当てと思う．

患者：「外出する気力がない．洗っておかないとまた喚いたりするんじゃないかと怖い．今，離婚話進行中．主人が私の両親と姉に電話して20～30分，私は出る気なかったけど向こうが出てくれと頼むので出た．実家から近くの病院に通うのは弟の縁談に差し支えるのでダメ，自分の子供が悪いというのに！　死ぬと言ってやった．

　姉には命を身柄をあげるから煮るなと焼くなとしてちょうだいと言ってやった．

　姉は，一番下の子で可愛がられてわがままに育てられたから，もっと理性で押さえぬといけない，と言った．

……………………………………………………〔ここからは1対1〕……

〈確かにそういう事は言えるね〉

「私もそう思う」

〈素人の人はわがままとすぐに言うが，それは，理性的にといっても感情が押し出てくるからで……．また，末っ子で甘やかされたからと言われるが，あまり構ってもらえなかったという面もあるわね〉

「主人との倦怠期ということもある．お互い寄り添って出発しても．平凡に暮らしてて飽きていっそ飛び出してやろうかと思ったけど，よう飛び出さなかった．主人にも飽きているけど」

「主人は今度は突き放した態度している．前回は親切にして悪くなったので．すがるものなしで，かえってこのほうがいいと思う．わがままが出ると再発するよう」

〈誰かに"死ぬ！"と言う時，ぶつけたい気持ちは他に何かあるんでしょう？〉

「環境を変えようかと思っている．真剣に離婚の事を考えている．どっか先生の治療法は納得がいかない．2ケ月間，説得してほしかった」

〈お姉さんの所に自分を預けてしまえば自分は子供のようにしていればいいわけで，今だったら自分が母親として妻としてやらねばならない〉

〔対面－4〕

夫：先週と同じ調子．パートで働く所ないかと探している．死ぬ気はないよう．今日，初めて，景色が綺麗と言った．まだ何をするかも知れないので，夕涼みに出てても中から見ている．どこかへ逃げて行かないかと．

患者：「錯覚からの脱出はできたと思う．しかし，注意していないと，またなるかもと自分が怖い．主人は世間体で私を治そうとしているところが主みたい．馬鹿馬鹿しいなと思う」

〈それだけ？〉

「それは口惜しいわね」

〈馬鹿馬鹿しいという態度だけで振る舞ってしまうと無理がくるわね．口惜しいといったその他の気持ちが，どうしてくれるとなってきて．そこを言っている．自分の気持ちを全部ちゃんとみて行きましょうということです．勝ち気なやり方が特徴だけど〉

「診察の後は，夜，眠れない」

〈どうして？〉

「診察があると思うと前の晩ねむれない，そして，その夜は何か寂しくて．

この頃，よく夢をみて，その中に分析者がよく出てくるとのことなので，その夢を話してみて下さい，と言っても結局話さずに帰る．

〔対面－5〕
夫：小康状態です．洗濯物は，よく見ています，その時の顔は真剣で，どうもないか，乾いたら大丈夫やわね，と私に確認をもとめます．何をしでかすか爆弾を抱えているみたいで．食事の用意は半分半分しています．
患者：日に日に良くなる感じです．以前の自分を取り戻していくよう．悪い時はよく夜中に目が覚めていたけど，今は朝まで寝られる．主人は今は病気だから献身的にやってくれてるけど，良くなったら俺に恥かかせたなとか何とか愚痴を言うに違いない．そんな状態ではとても一生我慢できないから離婚を考えている．主人が，気違いがどうのこうのと言ったので頭を3回たたいてやったら，頭が痛いと2日冷やしていた．そして後で謝る．そこがね，たたいたな！　と私をぶん殴るくらいならいいんだけどね．

　以上のような話があってから持ってきていた手紙を差し出したので，それを読みながら以下のような対話をしている．
　〈"先生が抱いてくれたら治る"というのは，そうかも知れませんね．子供が親にだっこされると満足するように．
　"先生に怒鳴りつけてほしい時もありました"とありますが，一度叱られてみたいわけですね？〉
　「主人も怒らないし，それがそもそもこうなった原因．わがままで，勝ち気で，依頼心が強くて」

〔自由連想法：第5回〕
　やはり自分を見ていくために自由連想法でやりましょう，との説得にこの回は素直に従う．
==
　病院にくるの楽しみだったけど，余計に意識するから間隔を少し延ばしてもらった方がいい．前の晩ぐらいから緊張するし．
　私ら夫婦は相性が悪い．対照的な性格．二人が別々の道を歩いてきたみた

い．私はいつもせかせか，きちんとせぬと気が済まないし．普通の人だったら主人に従うけどね．悪妻だから病気が治っても主人について行けないと思う．どっかへ行ってしまおうかと思うけど，まだ決行できない．

　子供に対して本当の愛情があるのかどうか，世話焼きでね，びしびしやるばかりで．私，子供に好かれてないと思うからね，私が家を出ても大丈夫と思う．

　姉は主人の事を良い人だと言うけどね，一般に良い人というのと私の好みは違う．主人，私の過去の事を気にしている．私はなにも結婚するまでの事は主人に気兼ねすることはないと思うけど，過去の事はいつも気になっている．

　父から手紙がきて10月の弟の結婚式に出てくれという．私は出ないからと言う，主人は出ると言う．私が出くわす事，出くわす事が運だったと思う．三女に生まれて．結婚当初は月給安くて苦しかったけど充実していた．楽が続くと人間は退屈みたいな空虚な気持ちになる．そういう時期に私がこんな病気になった．

　子供があまり慕ってくれないなと思うとがっくり．心が貧しいのかな私は．病気が治って，これから先，会社関係と主人とうまくいくか不安でしょうがない．これ以上の人間性ができないとね．主人の友達が来ると，がらっと態度を変える．演技みたいな事をするところがある．

==

　〈心が豊だったら他人でも慕ってくれるけどね〉
　「それが，他人には気を使ってね．私の所へは来やすいとみえる」
　〈家族には自分を構ってほしい愛してほしいとなる〉「眠い」
　〈話が面白くないから眠くなるね〉
　「父母の愛には確かに恵まれなかった．以前は一人の方が好きだったけど，今は怖い．今までの反対になっている」
　〈以前は一人でも頑張っていた．今はそうはいかない？〉
　「先生，いつになったら説得してくれるの？」

〈あなたの言う"説得"とは，いろいろと言ってほしい，親切に言ってほしい，構ってほしい，ということですね．確かに，この前の手紙に書いてあったように，暖めれば凍った心は解けるでしょう．でも暖めるのを止めたらまた凍るでしょう．だから治療を続けましようという事です〉

恐らく治療で自分の傷口を触れられるのが辛いのと"説得"してもらえないという事で次の回は休んだ．そしてその次はまた対面となる．

〔対面－6〕
夫：また少し症状が悪化傾向．洗濯している事が多い．僕に説得してくれと言う．どう言ったらいいか？　と聞くと，そこで辛抱しろ！　と．死んだ方がましだ，と言ってみたり．あんたがあんな所に車を置いとったからや！　と言う．
患者：「主人は家事を手伝って恩着せがましく言う．私が子供二人を風呂に入れたりしている時は手伝ってくれずに．主人が黙っていると，自分の身の安全を保つために敬遠しているなと思って腹が立つ．先生，今日は説得してくださいよ．主人は今こそ家事なんか手伝わずに夜遅く帰ってきたらいいのに．そしたら私が家事をしなければならなく追い込まれるのに．私を叩いたのも姉に言われたからだと言って叩く．どこまで馬鹿なのか，ずれてる」

〈治療に来なかったのは？〉
「あんな治療では意識過剰になるばかりで……」
〈今は愛情欲求不満と言えるね．主人が愛情をもってやってくれない，先生も説得してくれない，治療だけでは……，と．このような愛情欲求不満は子供の頃からでしたね〉
「それでレジスタンスとして夜遅く帰ったり．17～18歳頃，お父さんを叩いたことがある．帰りが遅い，遊んでばかりいる，と言われて．それからお父さん匙投げた感じ．そして怖いものに触れるようにしてた」

〈とすると今の主人と同じ態度やね〉

「でも主人は無視はしてないわね．結婚した時はちゃんとしてくれていたけど，やれやれと思ったのとちがうかね．

お父さんは私がお金が足りなくて無心いうてやると現金封筒ですぐお金を送ってくる．一体どうして金が足りないのか，と一度も聞かない，と主人も言う．両親は物で示す，心で愛情を示さない」

〈はしかの時も？〉

「それで人見知りになって．小学校へ行っても，それを親が人の前でも，この子は人見知りして，と言ってた．また言ってるわ，と思っていた．父親も，それ直してやろうというところがないのかなあ」

「昼間，寂しくて切ない．肉親が恋しい」

〈両親は心で愛情を示さない，主人も結婚した頃はよかったけど最近はそうでなくなったと．それで心で愛情を示してくれるような肉親が恋しいということですね〉

〔自由連想法：第6回〕

夫：こんな汚い所に住まれへん親を呼べ，と言って．明日，父親が来る事になっている．もう治らへん，死ぬ！ と言うて．

==================================

……，あのね……，私のやっている事は，先生はノイローゼと言われるけど，やっぱり気違いでしょう？ 自分が変にぶわーっとなるのが怖いから自己防衛のために洗っているんでしょう？ 明日，父に対して何を言い出すか分からない．向こうの出方次第で．私は主人と一緒に暮らしている限りちょっとやそっとでは治らないと思う．主人に対して軽蔑の目でみている．この頃は顔を見るのもイヤ．

明日は父に連れて帰れと言うつもりだけど，苦しみを違う苦しみに変えたい．出ていったら子供の事が気になったりしてね．だから治療法としてあの家を出ようかと思う．だけど，そんな事は治療にならないわね？

一回先生に説得してほしいんだけど，そういう事を一度言ってほしいんだけど．自分はコンプレックスの塊みたいな人間ではないかと思う．
[夫婦生活では主人のリードが下手なので，うまくいかないことが語られる]

結局，親からみれば私なんか居ても居なくてもいいわけね．姉には頼っている，私には頼らなくてもいい．私なんか眼中にないという事．だから叱られたこともないし．姉たちから言えば私は叱られた事もないし苦労してないからと言うけど，私が苦労しようがないし，両親が放っとったから．私にももちろん責任あると思うけどね．私に理性で押さえられないという責任あるし．割りとこだわる所があるからね．時間割を3回も4回も書き直したり，手紙かいても2～3回読まぬと出さないしね．だから私のする事はきちんとしてたわけね．主婦の座におるべきか，飛び出す方がいいか．飛び出す勇気はあるけど，生きて行けるか自信ない．

今は現実離れした事ばかり考えて，現実的な事は何も考えていない，確かにおかしいわね．

==

〈今日も私に説得してほしい．親から叱られたこともないし説得された事もない．両親に放っとかれた，と．だから一度でもいいから私から説得されたいわけですね〉

〔**自由連想法：第7回**〕
　この回の自由連想に入る前の会話：

患者：こないだ父と姉が来たけど一騒動でしたよ．父と姉が帰るとき駅までついて行ったけど，主人が引っ張って車の中へ押し込んで家へ帰って，私の腕をねじまげて家へ押し込んで．父も姉も，正常でないと連れて帰れないと言う．口惜しい気持ちで一杯．

〈あまり口惜しそうでないね．主人にそうしてもらって本望でしょう？かなり満足した顔しているよ，口ではいろいろ言うけど〉

==

　一日のうちで何回か口惜しい気持ちが出てくる．結局，親でも兄弟でも冷たい他人みたいだなと思う．常識ある人からみたら私が甘えた気持ちと言うかもしれないけど．人間いうたら悪い時は何もしてくれない．主人だって父や姉と3人一緒になって私一人を敵にしてね．それで，もの凄く腹が立って，親の前で言いたい放題いってやった．父や姉にも言ってやった．

　身体の病気だったら多少考えてくれると思うけど．自分がこんな状態になったのが一番口惜しい．

　子供が小さい頃は，若いのにしっかりやっている，子供を上手に育てていると褒めてくれてたけどね．今は私の株はすごく下がってしまっててね．──泣きながら──もう今はね，その，以前の自分に戻れる望みはないみたいな気がするしね…….…….

　〈何も浮かばないんですか？〉

　もうこんな事したってダメ！　──起き上がって泣いている──

　〈何故？〉

　口惜しいも……，

　〈口惜しい，と，ダメ，とは別ですね〉

　先生，治す自信あるんですか！

　〈このように治療していったら少しずつ治っていったでしょう？〉

==

　〈今まで色んな人が出てきたけどお母さんの事があまり出てきませんね？どんな人だったんですか？〉

　「平凡で優しくてお人好しで馬鹿みたい，頼りない．私の言いたい事は何でもいえるけど」

　〈それで満足いった？〉

　「もうちょっとこう，手向かいしたくならない．頼りない頼りない」

　〈で満足してない？〉「ああ，頼りないから．夫婦仲はいい」

　〈質問に答えてないね〉「いい人，何でも喋れる」

〈それで満足いくの？〉

「……，私の父親はね，私よりお母さんを大事にしてたわ．子供の目からみても」

〈あなたの話を聞いていると，まるでヤキモチをやいているみたい〉

「他所から帰ってもね，私ら居てもね，お母さんどこへ行った，と聞く，名前を呼ぶのね．私ら眼中にないわね」

〈だからお父さんの事ばかり気になる？〉

〈主人にも，お父さんがお母さんを扱ったようにしてほしいわけですね〉

〔自由連想法：第8回〕

夫：気になる事は一緒だが，親や姉が拒絶したもので，わがままはしなくなった．喚いたり暴れたりしなくなった．

患者：そうしなければいいの！　——腹立たしく攻撃的に——

不潔範囲は自分だけ，主人や子供の事は気にならない．

==================================

私もね早く元通りにならないと取り返しがつかないんやないかと．それで，洗うのを我慢するのに挑戦しているわけ．自分で自分と戦っている．なかなか，負けてしまうけどね．

少しは外へ出た方がいいんかな？　外へ出ると不潔な目に会うけど．だけど父親は冷酷な男と思うわ．弟のお嫁さんに恥ずかしいと言って隠していると．私のためやなしに世間体のために．

実家へ行ってもね10日もいると父親が煙たいからね．父はね，娘の頃から煙たい存在でね．父親が死んでも涙もでないんやないかなと思う．

今まで私，結婚してから自分の欲望を抑制した生活をずっと続けてきた．それが不満になってこういうふうになってると思う．人間的に豊かでないとだめだけどね．もっと自分の心に忠実に生きてきたら良かったと思う．

新聞に，恨み，不安，恐怖なんかがあると精神がおかしくなると書いてあったが，上司の家の犬が上の子の足を咬んで傷ついて腹が立ってた．

その前から，その家の子に負けないようにと意識していたけど．
==
「何か弁論している感じやね．自分で自分の意見を発表しているみたいね．中学時代やってたからね」
〈自由連想でなくて？〉
「私の過去を言わないと分析にならないでしょう？」
「十何年間の努力，辛抱，こうなって水泡．主人は，この所，こうして株が上がって，口惜しいの一言」
〈その口惜しさとお父さんへの恨みつらみ？〉
「結婚して，これからしっかりやるからみててくれと親に対して言ったし，愚痴も言わなかった．そういうふうに頑張ってきたのに，こうなったので……．もうちょっとしたい事をしてたらと思う．親に頭が上がらぬと頑張ってきたのに」

〔自由連想法：第9回〕
==
　主人この頃，外見的に冷淡に．計算でやっていると思うけど．あれが習慣になってしまわないかという恐れがある．先生に頼ってないで自分自身で戦わないとと思っている．我慢して洗わずに済むと安らぎを感じる．我慢できたとき喜びがある．馬鹿みたいな話しだけど幸福感がある．
　主人には洗うかどうか一切相談していない．ですから私の内面的な戦いは誰も知らない．毎日の今の生活は侘しい感じがする．結局，精神的な病というのは先生は別にして親や兄弟に助けを求めるものではないし，求めたって内容を治せるものでもないしね．新聞，テレビで精神病，ノイローゼとかいうの興味をもってみている．
　下の子は慰めに廻っている．長い間，母親らしくなかったから可哀想だなと思うけどね．こないだは口惜しいと言ったけど，最近は情けないと思う．自分が一番嫌いであり，また一番好きでもあるという気がする．

人を自分の方から愛したという事がない．そういう人にも出会わなかったけど．今の主人でも愛するということをしなければだめね．

私は愛されることばかり考えて．性格なんて自分がなりたいと思ってもなれないわね．せっかく他の人があまりならないような事になったんだから，この機会に性格を変えたいなと思う．これをきっかけに人間性豊かな女になれたらなと思うけどね．

私はね，今まで現実主義者であり，一方では現実離れした刹那的な所があってね．現実的な生活してて，ある時，陶酔したいという気が起こるわけね．筋が通ってないというか．かえって主人の方が現実主義者でないという所があったりしてね．なんかわけが分からないわ，私ら夫婦は．
==================================
――寝たままで――「また論じたみたい．顔を合わさん方が話しやすい．寝てた方が暖かくて楽でね」
〈すでに心境の変化が起きつつあるじゃないですか．口惜しい，が，情けない，と〉
「恨む気持ちなくなってきた．車を置いた事もね．よく考えてみれば」
〈母親らしくなかったなとか．ノイローゼを治し，さらに性格もと．しかし，今やっている事も性格がどうなっているかと，そこに分析が向いている．で，心境が変わり，性格的な面も変わってきてノイローゼも治っていく〉

〔自由連想法：第10回〕
==================================
精神的な苦痛からの逃避としての死を考える．この部屋の中ね，先生と私とだけいるわね．だから今の状態だったらね，何でも喋りたい事を喋れる．で，憩いの場みたいに感じる．一歩外へ出ると怖いような，家へ帰るのがイヤな感じする．自分の家にいると厳しさがないから治らないのでしょう．誰も，ここへいらっしゃい，ここは憩いの場所だと言ってくれない．

今の生活の場でみつけだすよりないわね．結婚するとき親がいろいろ買っ

てやると言っても要らない要らないと言って．けど後でしまったと思った．どうして意地を張ったのか，くれるものはもらってくればよかったと思った．主人に対して変身してみようかと思うけどね，なかなかすぐにできないけどね．
=====================================
「先週風邪で休むと言ったが里へ帰っていた．主人と喧嘩となって．
　結局，実家の近くに家を建てて住むという話になって帰ってきた．実家の近くだったら親や兄弟もいて，やっぱり話もできるし，気持ちの支えになるでしょう．それが必要です」
〈それにしても，もう少し治療してしっかりしてきてからでないと〉
「実家では汚い事気にならなかったですからね」
以上のようなやり取りがあって，また，
「先生．私を治してやろうと本当に一生懸命なの？」
〈主人や親が何かしてくれたり言ってくれたりしても本当に本心からか？　となかなか信じ切れないように，私に対しても，このように治療しているのに本当に治してやろうとしているのか？　と疑心暗鬼で確かめたくなるのですね〉

　この回，初めて一人で来院．「一人だと割りと気にならない．主人とだと気になる．だから別れたい．というのは，一人だと我慢ができる」

〔自由連想法：第11回〕
=====================================
　主人，二言めには馬鹿馬鹿しいと言うけど私にとっては，そんな一言で片付けられる単純なものではない．今までは何かの時に，ああいいなあ，と思う事あったけど．今は何か美味しいものを食べている時だけ．
　主人が私を普通の女に変えさす力はないわね．結婚する時は変えてやると言ってたけど．結局，主人の思うような女にならずにね．私の独走．
　主人も多少努力してたけどマイナスになったみたいね．私も主人の操縦が

下手で，一生，歯車のかみ合わない夫婦で終わるんだろうと思う．馬鹿な似た者夫婦ね．

　私は一般とか常識的とか嫌い．中学2〜3年頃から，そういう事に反発を感じていた．結婚してからは近所の奥さんと同じように常識的にしてた．信念がなくて考えがぐらぐら揺れるわけ．私は男の人を考える時，向こうから愛してこなかったらダメなわけ．こちらから好きになるという人はいない．だから，なんとなく，言われて結婚してしまった．本当に好きだという男の人に出会わない．愛するという男の人に出会わない．

　だから，こちらが捨てるのはどうもない．相手から捨てられたら刃物をふるう．主人とでも相手が愛し過ぎるから引っ張られて，こちらへ来てしまったでしょう．

　主人と離れようというのも正常になったら，そんなに考えないわね．

　けど今は真剣に考える．こんな状態から抜け出すために別れたいとかね．時々ね，私を暖かく慰めてくれる人がいたらなあと思う．主人ではダメ．

==

　「主人ではダメ，十歳位上の人でないとイヤ．父性愛的な人でないと．人間性が豊かで，お金も実力もあって」

　〈結局，セックスだけではないね〉

　「そう，そういう人は常識的な人だから浮気なんかしないわね」

　「こないだ帰った時も，父は"お母さん，どこへ行ってる？"と同じ調子でやってた．こいつ，未だに同じだな，と思った」

　などと述べ，また，

　「父は常識的で云々」

　〈だから常識的なことに反抗するんですね？〉

　〈お父さんは自分の事を無視していた，構ってくれなかった，父性愛に飢えてた．それで父性的な年上の男性を求めようという事になっている．飢え

を満たすのは食べると満たされる．精神的な飢えを満たす代わりに食べる時だけ満たされている〉

「私が父性愛的なものを求める，主人は母性愛的なものを求める．結局，相性が悪い」

〔自由連想法：第12回〕
==

　私，融通性のある人になりたい．いい加減なことは嫌いで，どんな事でも完全にしないと気がすまない．こういう癖をなおしたい．

　人間でもイミテーションは嫌い．本物にひかれる．完全主義でね．だからいつも背伸びしているような感じになるわけ．もっとリラックスして楽しめばいいのに．

　主人に対しても人間性というものを自分の好きなものを求めるでしょう．主人が求める女性像は分かっているけど，そういうふうにはなれない．お互いにどちらも満足いかないという夫婦．

　私ってね50か60位のおじいちゃんと話しするの好きでね．そういう人がくるとベチャベチャ喋る．人生経験が長いから信頼感あるし，暖かいものを感じるわね．ああ，眠くなってきた．一度，60か70位の人と一年でもいいから暮らしてみたい．何もいらないから，精神的に暖かい眼差しいうか精神的に満たされるものをね．

　一日一日自分の精神状態が穏やかになるように思う．今，洗おうかどうしようかと思っても，わざと耐える，苦しいけどね．それが耐えぬけた時の喜びというものがあるからね．

　このまま寝てて，すーっと死んでいけたらいいけど．主人の顔みているとムカーッと腹立つ時と，そうかと思うと，飛び付いてみたり．なにしろ主人に対していろいろと態度がおかしい．妻としての一つの態度ができていないのね．

　子供は可愛い，自分の生んだ子だしね．

私の両親とか兄弟はね，何か白々しいなと思う．世間体を気にして他人から良くみてほしいと，自分の自我を殺して．ああいう生き方は最も嫌い．
==
〈主人のどこが気にいらないかね？〉
「結婚は主人の強引さに負けたというとこ．これだけ強引だったら，すごく親切だったし，私は幸せになれると思った．それがいつまで続くか考えてなかった．電話をしつこくかけてくるし，送ってきてもホームで手を振ったり，異常なくらい」
〈なるほど，最初の頃の異常なほどの親切さが，いつまでも続かなかったということですね．主人は初めの頃は親切に構ってくれてたけど次第に今度はあなたに母性愛的なものを求めるようになるという面がでてきたという事ですね〉

〔自由連想法：第13回〕
==
……，何も浮かばない……，……，うーん，あ，ここが痛い，まあ，え，外へ出るのは楽しいわね．病院通いは楽しくないけど．もっといい事で出てくるんだったら楽しいけど……．
　私，喜怒哀楽の激しい人間の方が好き．泣きたい時に泣かずにというのは嫌いだわ．ちょっと前までは一週間に一回は涙がでてた．今，私が流している涙は何かいろいろと口惜しいとか後悔とかいろいろ情けなさ．こうなっても生きていかなければならないという運命，宿命かな？　辛い涙，やっぱり親を思うと可哀想と思う．苦労しているからね．
　まだ時々暴れて困る．お酒飲むとね，暴れたくなっちゃって困っちゃう．
　こないだ十何年かの結婚記念日，私は何も残っていないけど，男の人は仕事も段々と面白くなっていくだろうし，世間の人との付き合いもあるだろうし，幅が広がるけどね．非凡な生き方をしている人をみると羨ましい．だから結婚したのが間違いね．

私が治ってもね，過去にこんな病気をした，少し変わっている，と，そんな目でみられるから，もう幸せにはなれないと言ったらね，主人は，他人の事なんか気にしなくてもいいと言ってくれたけどね．
　今はなんとか平凡な中で，どのようにして楽しんで生き甲斐を何に見いだして生きるかということ．それを考え出さないと，いつまでも，こんな状態でいるわね．
==
　「こんな悶々としている私を主人に何とかしてほしいと思うけど，それがない．主人がぽっぽっと私が感心するような事を言ってくれるとか．言葉がなくても，黙っていても温かい抱擁力があるとか，それがない．それでじれったい」
　〈主人も5年10年たてば抱擁力ができてくるのでは……〉
　「それでは遅い」
　「今日，病院休むと言ったら，俺が休んで連れていくと，で，11時頃帰ってきて駅までおくってきた」
　「常に置かれた環境に反抗，抵抗する癖がある」
　「もう止めるわ」
　〈昨夜は主人に，もう止めると言い，今ここでは私に，止めると言う〉
　「何か傷心を抱いた私を温かく抱いてほしいと思う．誰もいないわね，考えれば，そんな人は．主人に求める他ないからね．演技でもいいから私のしてほしいようにしてくれたら段々と満足するようになると思う」

〔自由連想法：第14回〕
==
　ノイローゼになった惨めというか自分自身で哀れむような気持ちでいたのがね，最近はおかしくなってきたのね．今，少し楽になったからね．
　段々以前の自分に戻りかれているなと自分で分かる．まだどうしても陶酔したいという所あるけどね．地面を見ないで歩こうと思う，洗濯物でも見な

いでしまうのね．見てたら何か着いてるでしょう．

　常々，主人のような性格が羨ましい．自分がこんなだからね．だから妬ましい．主人は平凡だから付いて行ける人だと思うわ．主人は私の言う事をひねくってとらずに単純にとるでしょう，だからわがまま言えるわけ．そう思うと主人でよかったと思う．主人もちょっと気違いの気があるのとちがうかな．結婚前は気違いじみてたからね．平凡な男のくせに，私と気違いじみた交際してたからね．青春はもっと健康的に過ごさないと．

　私がね父性愛に恵まれなかったけど，今，主人はね，マイホーム型になってね，夕飯つくってくれると言ったりね．けど私が元気になったらまた遊ぶと思うけど．主人は遊びでなしに真剣に付き合ってくれてね．まあ幸せと思わなきゃダメかな．今，考えれば懐かしい気がするしね．

　自分から人を一生懸命愛するということをしなければダメだと思う．

　でも私の性質って生まれた時からもう持っていた所もあるでしょ．後天的な所もあるけどね．どうしてこんな変なことになったの，生まれてきて良かったとはあまり考えないわね．生きていくのが面倒くさくて，やり切れない感じするもね．

==

　「親にでも文句らしい事を言ったことなかった．こないだぱーっと言ったけど．あれを，もっと，その都度言ってればよかった」

　〈強く言えない，気の弱いところがあるんですね〉

　「言ったら，いい顔しないから」

　〈まあ幸せと思わなきゃとか，ゆとり，落ち着きが出てきていますね．知らぬ間に手を洗うのを忘れていたり．治療の効果が出てきているね〉〈自分が"構われる""される"ことばかりが一杯で，その恨みつらみが，少し落ち着いてみると，自分も人を愛するようでないと，と気付いてきたんですね〉

　〈主人の性質羨ましい妬ましいと言っているけど，ということは，その所は好きという事ですね？〉

　「私はひねくれているから」

〈これはやはり生まれつきの性質という事もあるでしょうけど，お父さんに無視されたとか可愛いがられずにひねくれ，拗ね，ふて腐れていたというが，それらがよくよく身についているという事ですね〉

〔自由連想法：第15回〕
==================================

　ひどい時は藁をもつかむ思いで来てたけど，今日なんか病院へ来るの嬉しくない感じね．それに自分自身大分よくなっているからね．病院通い止めた方がいいのではないかと思う．今日，朝から気分重くてね．来るの面倒くさかったけど……．

　前は先生に反抗的な事を言ってたけどね．来たくないとか，けど，内心は違うんだけどね．今日はまた違うのね．眠っている子を覚ますようなね．このまま止めた方がいいんじゃないかという気分で．

　藁をもつかむという気持ちは消えてね．先生の顔を見たくて来たのかな．家庭生活って同じ事の繰り返し．私それに飽きがきているんでないかな．たとえ病気が治ってもね，家庭生活ができればいいというものでもない．充実感のある仕事か趣味を探すとか．

　私やりだしたら割りとやり抜くとこあるけど，いま未だ完全に治ったといえないから，良くなってからと思うけど．ここで会うお母さん子供の治療に一生懸命で苦労してるわね．それに較べると私は幸せと思うけどね．瞬間的にはね．ただずーっと持ち続けられない．でも瞬間的にでも，そう思うのは自分自身少しはましになったと思う．前は誰がどうしていようと眼中になかった．

　私は孤独が好きなんだけど，本当は賑やかなこと好き．本当は大勢の中に出たいくせにね，ひねくれているからね．本当は賑やかな所へ出ると生き生きするわけ．

　子供が小さい頃，充実感あったしね．病気もするし，怪我もするし，子供が寝るとやれやれと．でもまた何か空虚なような所もある．今は子供が大き

くなって手が離れたから．

　子供に手がかかるから主人を放ったらかしにしてたわね．ある人に結婚は失敗だったと言ったらね，あなただったら誰と結婚してても失敗したと言うだろうと言った．むっとしたけどね，当たっていると思った．

　どんな人と結婚しても自分の態度を変えないとね，ダメだと思う．けどね，主人にはね何となく嫌いだからどうしょうもないと思うことがある．やっぱり二人共人間的に成長していないんかなあ．子供がね，うちのお袋と言ってくれるようなふうになりたい．子供を育てている頃は私は母親だったと思う．今は母親というよりもね，女としてという事が先にちらちらしているような気がする．

　先生この前，私がはずしたカーテンのピンを自分で留めて．どうして私がはずしたのに私にしなさいと言わないの？　精神科は相手を異常者とみるから，そんなことするわけでしょう．私は身体の痛さ苦しさには物凄く耐える力ある，精神的にはダメ．

==================================

　〈口では来ない！　と言いながら，本心は藁をもつかむ思いで来ていたと．あなたも言っていたように"ひねくれ"ですね．しかし，ひねくれ，ふて腐れ，というのは甘えようとする相手に対してとる態度で，そうでない人に対してはとらないでしょう？〉

　〈あなたが一番お父さんに反抗したというのも他のお姉さん達より一番情がお父さんに向いてたといえるかもしれないね〉

　〈ところで，お母さんには甘えられなかった？〉

　「いいえ，母は誰にも同じように従順な性質で．それでお父さんにも可愛いがられて」

　〈で，お父さんはお母さんばかり可愛いがって自分をちっとも構ってくれない，と，それがとても気に入らない，なんとか自分に注意を向けようとして，拗ね，ふて腐れ，反抗した．あなた，自分の子供をみていても分かるように，構ってもらえないと，そんなふうにするでしょう？〉

「そうですね」

〈精神的にはダメ，と言われるが，ダメとはどうなってる事を言っているのか？　単に弱いという事だけではなく，例えば，甘えたいのに甘えられない，そうすると拗ね，ふて腐れ，などと気持ちがふっ切れない状態でいるとすっきりと物事がやれない，ダメ，となるわね〉

〈今では以前より客観的に自分や主人を冷静に距離をおいてみられるようになってきている．ただもう自分の気持ちに巻き込まれてしまうのではなしに．子供にかまけて自分も主人を放っておいたなと気付いたり〉

〔自由連想法：第16回〕
=================================

あのね斎藤茂太て精神病院の先生でしょう？　いい事を書いているわ．
医学の進歩で寿命は延びたけど精神がそれに追い付いていないアンバランスがあると．私，今，あれ，心臓が動いているから生きているでしょう？　心が生きているという実感がないでしょう？　精神的に満たされたいという欲望がある．
精神的に満たされるて，どういう事かな？　綺麗な夕焼けをみて感激したり心が和むとか……．今はまだ人が笑っていても，おかしくないわと反発を感じたりね．それでも割りと素直に笑っているとこもあるけどね．
母なんか私のお父さんと結婚して得したとか損したとか言わない．与えられた中で生きている．私の母なんか人から後指さされんようにとね．枠からはみ出そうという所がない．それで幸せと思うわ．
私みたいに常に平凡さから抜け出そうともがいて，おかしいわね．そんな事したって，どこまでできるか．平凡の中にあぐらをかいてのらりくらり生活してた方が，ずっと得ではないかと思うわね．
男の人って，あれでしょう，大半の人はね，女からみれば頼もしくて寛大な精神を持っているわね．何となくもたれかかったら受け止めてくれるという，私のみる人はね．男の人からみると，か弱くて可愛いくて頼りなくて，

そういう女の人を女らしいと思うんでないかな．そういうか弱い女をいたわりたいというのがね，強い人はそう思うわね．

　それが変に男勝りだったりしたらね，男からみたら敬遠するわね．結婚した時，主人はね男らしくも寛大でもなかったからね．か弱い女でありたかったんだけどね．こうしちゃおれん，というので女のする事以外でもね，私が率先してやってきた．家の大工の仕事でもね．主人がやらないからね．やらせばよかったのに．頼りない主人でもね，頼らねばならなかったのね．男にしなかった．

　主人は私にもたれかかっていたと思う．だから交代して，こちらがもたれかかってやらなければならなかったのね．そしたら男として認めてもらえたと思うだろうし，今までと態度を変えるんではないかと思う．私の姿勢を変えると同時に主人の姿勢を変えないとね．

　まだどういうのかな，生気がない．生きているという実感がない．何かぽけっとしている時間がある．良くはなっているけどね，人間の精神て，こんなふうに変わるの不思議なわけ．機械じゃない，自分の経験としてね．誰に指図されたわけでもない，自分でこうしようと思ったわけでもないのに．だから人間は気違いも生まれれば天才も存在する．だから人間は面白い不可解な動物だと思う．

　子供を育てるのも放っておいてもいけないような気もするし，盲愛でもいけないしね．親のエゴから，こんな子にというのもだめだしね．だから難しいと思う．放ったらかしといても何かが歪むんでないか？　やはり親が豊かな心でないと．

==

〈あなたの言われてたように，御主人が男らしくも寛大でもなかったから，あなたが男勝りに女のする事でなくても頑張ってやってきたと．家の中の大工仕事でも．それで御主人はあなたにもたれかかってたと．そこで，もしあなたが男勝りにやらずに，御主人がせねばならないように，むしろ御主人に頼った形にしていたら，御主人は男としてというか一家の主人として，それ

らの仕事を引き受けてやって，男としての自覚を持つようになっていったかも知れませんね．あなたが男勝りにやったのが裏目にでたのですね〉

〈御主人は末っ子で，どっかであなたに母親に甘えるような態度だったんですね〉

〈自分の親たちをみても，自分たちが子供の親としても，親が豊かな心の持ち主でないといけないなあと思うということですね〉

以上で分析治療は終わりとなったのである．症状は消失した．そして，自分ならびに夫の心理も理解すると同時に，自分自身が豊かな心の持ち主にならなければと付け加えて語っている．

第8章　分析技法

　既に精神分析的精神療法に通暁している方であれば第7章(2)分析の経過，を読んだだけで，その技法，明らかになって行った事柄・内容，さらには症状形成の機制や意味まで，お分かりになると思われる．
　しかし，本書は人間存在分析の技法の解説書として書いているので，本章では「分析技法の基本の概説」と「分析過程の逐次的解説」を記述して行きたい．

(1)分析技法の基本の概説

　人間存在分析の進め方に関して，その始めから終結までを一通り，主として理論的にかいつまんで解説しておく．
　人間存在分析とは，要するに，何が（Was?）どう（Wie?）心因となって発症したのかを患者の話をきいて，"患者をして患者自らを語らしめて"少しずつ一段一段と分析・解明し，分析者に把握・了解できたところを患者に言葉で伝え，患者自身に自己認識・自己洞察をさせていけば症状は軽減し消褪していくのであるが，これを患者と分析者の二人の共同作業として行っていくのである．
　"患者をして患者自らを語らしめる"ためには，分析者の受容的，支持的で感情移入的に聴く態度ができていなければならない．それが分析に限らず，あらゆる精神療法（心理療法）の基礎である．
　そのような態度で聴いて始めて患者は様々な状況だけではなく，その時の自分の気持ち（感情）を語ってくれるので，それらの状況での患者の感情が了解・把握できるのである．

しかし，間違いなく正確に了解・把握することは案外に難しい事なのである．つい分析者の感受性でもって話をきいてしまって分かったつもりになっているが，患者が，その時に感じた気持ちとずれていることもままある．

したがって，そのような間違いを犯さないためには，一つ一つ，丁寧に，具体的に，その状況，そしてその時の患者の気持ちの動きを聴いていく事が肝要である．その時の情況を一コマ一コマ，二人して劇画に描けるように確かめながら聴いていくのが"コツ"と言えよう．

「誘因」を患者の話から聴き出して分析していくのであるが，ある情況が誘因となって発症するという事は，「素因」としての幼少期の心的外傷・幼児期神経症の核心に，その情況が触れる（刺激する）からである．

逆に表現すると，幼少期の心的外傷を受けたのと同じような心理的状況が再現した時に（素因）＋（誘因）＝（神経症）というように発症するのである．

したがって，誘因を分析・解明する作業をしていると自然と「誘因」に対応する「素因」（幼児期体験）が想起されてくる場合が多い．もちろん，それは順序よく技法的に上手に分析を進めていった場合のことであるが．

上述のように，自らを語り，自己認識・自己洞察するためには，"体験する自我"と，それらを"観察する自我"の能力が必要であるが，その能力を有しているのは神経症，心身症，それに，いささか問題はあるが，せいぜい，分析の枠に次第にはまり得る境界例位までと，正常人と言われている人達の範囲であろう．「統合失調症の精神分析」などを試みている人達もあるようであるが，筆者は，せいぜい「うつ病」の病相中間期の人間存在分析まで位しか分析は行っていない．

分析とは何か？　一般的に言えば，「症状あるいは問題を生ぜしめるに至った，そもそもの原因をなす誘因，つまり，欲求不満，心的葛藤などを浮かび上がらせて患者に認識・洞察せしめ，真実を直視することによって己を取り戻させ，それによって症状の解消ならびに仕事をする能力と愛する能力の回復あるいは獲得をもたらそうとすることにある」

そのための手段として最も徹底した方法が"自由連想法"である．

ただし，必ずしも自由連想法でなくても対面法でもかなり分析を行うことは可能である．しかし，抵抗現象，転移現象などが，より明確な形で起こって分析しやすいのは自由連想法であることは言うまでもない．

　ここで，もう一度，人間存在分析の基盤をなしている「精神分析」とは何か？　ということを最も簡にして要をえている「国際精神分析協会」の規約を紹介しておく．

(A) 精神分析とはフロイトによって発見された**人間の心を研究する方法**である．
　(1)その基本的仮説はパーソナリティおよび性格そして精神機能の内に発達論的，力動論的，エネルギー論的な現象系列を展開している**無意識過程の存在**に関する仮説である．
　(2)成人患者の精神分析療法から導きだされた，その基本的操作は**自由連想法**および，それに伴う行動および身体現象の観察と理解より成り立っている．
(B) 精神分析とは，このような方法によって得られた**臨床的経験の集大成**である．
(C) 精神分析とは，このような方法によって得られた経験から導き出された**精神機能に関する理論**である．
(D) 精神分析とは，このような方法，経験および理論から導き出された成人および児童の精神障害および精神疾患を**治療する技術**である．

　さて，まず，受診してきた時に"主訴"（あるいは問題）をきき，それが"いつから"どのような"情況"で始まったか（現病歴）をきき，次に"生活歴""家族歴"をきくのであるが，それによって「診断」もつくし，およその「誘因」の在りかも見当がつく．さらに，上手にきけば「誘因」と「素因」の対応も，ほぼ見当がつくこともある．

　そして人間存在分析が適応である，あるいは，可能である場合は，分析の

治療方法を説明する．

　人によって説明の仕方を適当に変える必要はあるが，一般に，筆者は次のように言う．「あなたは別にノイローゼになろうとしてなったのではありませんね．そこで，一体，何が，どうして，ノイローゼになったのか，みていって，その原因が明らかになれば症状は治るということです」

　対面法でいく場合は症状の始まった状況から話を聴いていく．自由連想法でいこうと思う場合は，続けて次のように言う．「その治療法の基本的な方法は自由連想法といって，カウチの上に楽な姿勢で横になって，約40分間，頭に浮かぶ事を浮かぶままに話していただくんです．それが終わったら椅子に座って約20分間浮かんできた内容を資料として，一体，何がどうなっているのかを二人でみていくのです．何がどうなってこうなったのか，という実態をみていくのですから浮かんだ事をそのまま言わないと，それが分からないわけです．

　ですから，こんな事は言ってはいけない，とか，これは言いたくない，とか，こんな事は間違っている，とか判断して言わないでおくということはしないで，つまり，ここでは是非善悪の判断は棚上げにしておいて，すべてを話してください」その際，分析中に話された事は誰にもに漏らさないことを約束する．そして分析者は分析時間以外は個人的には患者と会わないこと，患者は治療の中で満たされなかった事を別の形で満たすことをしないこと，また，人生上の重大でやり直しのきかないこと，例えば，結婚，就職などはできる限り決定しないでおく方がよい事なども説明しておく．これは神経症あるいは不適応状態に陥っている自我の状態で，さらに分析によって退行状態や転移状態になっている自我の状態で物事を選択・決定しては不適切である可能性が大きいからである．分析が終わって，より安定した自我の強化され成長した状態で選択・決定した方がより適切で安全だからである．

　分析者の方もいわゆる「禁欲原則」「中立性」「分析の隠れ身」「医師としての分別」（分析者としての分別）などと言われている事を守らなければならない．教義的に，守らねばならないというのではなく，フロイトを始めと

して，その後の分析者たちが分析を実際に進めていく上で，そのようなルールを守らないと分析をうまく進めていくことができないという事に気付いて，そうしなければならないと言いだした事柄なのである．もちろん，筆者自身も長年の人間存在分析の体験から身をもって経験してきたところである．分析者側の注意事項に関してはまた，のちほどふれることにして，順に話を進めていこう．

　前述のように人間存在分析のやり方を患者に説明して，患者が分析を希望あるいは受諾すれば，そこで，いわゆる治療契約を結ぶことになる．週に何回，何曜日の何時から何時まで，一回の分析料はいくら，といった契約は対面法でも自由連想法でも必要である．

　自由連想法の場合，自由連想法の枠組み，方法，ルール，などについて最初に充分に説明しておく事が自由連想法を進めていく上での不可欠の前提条件である．一定の日と時間と方法，ルールの中で治療を行うという枠組みがあってこそ，明確に「抵抗現象」「転移現象」などを確認し解釈することができ，ルールに則って分析を進めていくことができるのである．そのような枠組み，ルールを始めに約束しておくことによって分析者は，いわば，それを盾として「分析の隠れ身」「中立性」などが守りやすくなるのである．

　"治療契約"をして本格的に分析を進めていく際，患者はルール通りに話していくことになるが，分析者の方も前記のような事柄を守らないと分析者として分析を進めていくことはできない．

　分析者にとっての「禁欲規則」は患者との間で役割関係以外の満足を得てはならないという事で，たいていは逆転移によってそのような事が起こる事が多い．しかし，精神分析療法のルールを守っておれば大きな違反は起きようがない．せいぜい逆転移現象のために分析者の感情，判断がうまくコントロールしにくくなるために患者の話を自由に聴けなくなったり，注意が片寄ったり等々の現象が起きて分析することが困難になってくる．したがって，大分経験を経た分析者でも時々スーパーヴィジョンを受けた方がよい．その際，スーパーヴァイザーは必ずしも先輩である必要はなく，後輩でも傍目八

目で他者の逆転移とかミスとかには気が付きやすいものである．「中立性」というのは分析者の私的な価値観や人生観を患者に押し付けたり感化するような教育的，暗示的な言動は謹むということである．これは，フロイトも述べているように，単に分析者としての倫理的動機からだけではなく，中立性を守らなければ患者を分析する事そのものが難しくなるという技術的動機からでもある．つまり，押し付けとか教育とかいった問題とは別に，患者に分析者の価値観，人生観が分かってしまえば，何よりも浮かんだ事を浮かんだままに自由に言うことが難しくなる．

　というのは，例えば，こんな事は，分析者は下らない事だとか軽蔑すべき事だとかいう価値観を持っているので，それを言っては分析者に軽蔑されるから言いにくい，言いたくない，とかなって自由連想法そのものの基本が損なわれてしまうからである．

　「分析者の隠れ身」というのも，これと関連している事で，分析者の私的な考え，感情，趣味その他の私生活の様々な面が患者に見られ知られてしまうと中立性も守れなくなるし，最も大事な事である，分析者は患者の心を映す "Blank Screen"（白いスクリーン）でなければならないという役割を果たすことができなくなる．つまり，そこに既に分析者の姿が映っていれば "Blank Screen" になることは "Blank Impossibilities" となる．転移現象も非常に起こりにくくなる．

　もちろん，それだけではなく「隠れ身」でいることは分析者自身の人間的弱点，問題点を隠し，分析者を保護することにもなる．激しい転移が起きても比較的冷静に対処しやすいことになる．

　患者はカウチに横になり軽く目をつむって自由連想する．それを分析者は少し離れた安楽椅子に座って，顔を合わさずに聴いている，というセッティングそのものが分析者にとっては「隠れ身」的で「中立性」を守りやすくし，「禁欲規則」「医師（分析者）としての分別」を守りやすくしている．患者の方もカウチに横になってというセッティングは対面法よりリラックスして自分の心の動きに身を任せやすくなり，対面していては言いにくいことも言い

やすくなる面もあり，退行現象も起きやすくなる，などといった利点がある．なお，分析者と相対している時よりも自分自身と対面させられる，すなわち，自己直視，自己直面化をさせられる状態といえる．（本症例の患者自身が自由連想法に移行した時点で，そのように述懐している）

「医師（分析者）としての分別」に関しては，これまでの諸注意事項を守っておれば，それで充分「分別」は守られているわけであるがフロイトが"医師としての分別"について述べている所を以下に抜粋してみよう．

"患者をわれわれの私有物にしてしまい，彼の運命を彼に代わって作り出し，われわれの理想を押し付け，造物主の高慢さをもって自分の気にいるようにわれわれ自身の似姿に彼らを仕立てあげるというようなことを，われわれは断固として拒否したのであった．私は今でもやはりこの拒否を固持するものであり，ここにこそ「医師としての分別」ärztliche Diskretionを用いるべき場所があるのである""そんな越権を行えば分析医は，子供の自主性をその影響によって圧殺した両親の誤りを繰り返しているにすぎないことになる．過去の両親に対する依存性を，新たな分析医に対する依存性によって置き換えたにすぎない．分析医は患者を改良し，教育しようというあらゆる努力を行いながらも，患者の個性を尊重せねばならない""患者に対して，予言者，魂の救世主の役を演ずるこころみ——医師の人格がこのように利用されること——に，分析の規則ははっきり反対しているから，ここで分析治療の効果に新たな制限が加えられることを正直に認めなければならない．……そのさいには，病気を治すことよりも，むしろ患者の自我に決定の自由を与えるべきである"

さらに，ここに，M. ボスの言葉を彼の『精神分析と現存在分析』（笠原・三好訳．1957）から抜粋しておく．

"分析者はいかなる在り方で患者のために在り，心配し，配慮すべきかと

いう，その特別な在り方について，フロイトは繰り返し特別な注意深さで規定している．つまり，フロイトは分析者に対して，なによりもまず，「尽力的配慮」einspringende Fürsorgeという言葉がぴったりするような態度をとらぬように繰り返し注意したのである．おそらくこの注意こそ，まさにフロイトの治療手段を特に際立って特徴づけるものであり，フロイトのそれを他のほとんどすべての治療法から区別するものなのである．したがって，患者との交渉の際には，この注意を絶えず心に留めておかなければ，フロイトの実践の本来の精神を誤解し裏切ることになるのである．いかなるものであれ「尽力的な配慮」なるものは，配慮を要することを他者に代わって引き受ける．その時，この他者は自らの在るべき位置から追われて引き下がり，そして後になって配慮すべきことを既に解決済みの，自らの意のままになりうるものとして受け取るか，あるいは全くそれに煩わされずに済むようになるのである．このような配慮においては，他者は依存者や被支配者となる恐れがあり，たとえこの支配がひそかなもので当の被支配者には気付かれないにせよ，同様なのである" "分析医は彼から「悩み」を取り去るのではなく，むしろまさに悩みを悩みとして本来的に彼に返し与えるのである．かかる配慮こそ他者をして自らが悩みのうちにあることを見透させ，それに向かって自由になることを助けるのである"

　筆者が分析者として，分析過程で起こる様々な抵抗や転移・逆転移を中心とする苦労にもかかわらず，大体のケースにおいて患者をあまり重荷に感じたり，患者に束縛されるように感じずにやれているのは，結局，ここで記述してきた基本規則やルールによって，要するに「何ら尽力的配慮をせず，もっぱら患者に自己認識・自己洞察をもたらし彼自身の自我を強化し成長・成熟する方向に向かわせ，彼自身の自我に決定の自由を委ねる」ことに徹すればよいという理由による．"汝自身を知れ"と言われていることの手助けをしていることにもなる．そういう意味では気楽な仕事をしていることになると言えよう．もちろん，筆者は最初から，そこまで見透して分析を専門とし

て選んだのではなく，"分析は人間の心の研究法であると同時に治療の技術である"という理由からであった．

この"人間"にはまず"自分"が含まれているのであるが．

とにかく，目の前の患者を分析する技術がなければ，いくら沢山の本を読んで分析の勉強をしても，体験として，実感として，何も得られない，何もできない，との考えから分析の理論の勉強よりは技法の修得に主眼点をおいたのである．

すでに初診の段階から分析的な構え・雰囲気で，つまり，受容的，支持的，感情移入的に，しかも，率直にあまりためらわずに問題点を聴き，生活歴，家族歴などもきいているので，患者の方も，こだわりなく率直に話していけばよいのだという事を身をもって感じているはずである．したがって，浮かんだ事を浮かんだままに話さないと分析治療にならないんだなという事は分かってはいるが，やはり，自らの体験や内面を語るのを妨害する動きが意識的，無意識的に患者の内に起こってくる．

この現象を「抵抗」と呼んでいるのである．したがって，分析療法の中心的な作業は，この抵抗の除去作業にあるとも言える．「抵抗」は患者が自らに問題は多々あるにしても，とにかく現状を維持していこうとするために生じてくる．自分が変化することに対する抵抗であり不安である．

E. エリクソンのいう「同一性抵抗」"Identity Resistance"であり，K. ホルナイのいう「仮現の自己への執着」"Pseudo-Self"であり，W. ライヒで言えば「性格抵抗」である．

己を直視する事，問題を直視する事，をつい避けようとするのである．したがって，分析者が是非善悪や自分の好悪に左右されずに，患者が，何がどうして発症したのかを分析・解明して治療しよう，との真剣な態度・構えに基づいて，患者がどんな事を話しても受容的，支持的，感情移入的にきく雰囲気，すなわち，患者が自己受容しかねている患者の自己を，分析者が受容する構えが要請されるのである．

そのために分析者自身が教育分析を受けて，教育分析者に，そのように受

容され分析される体験が望ましいのである．

　結局，基本的には抑圧されたものが意識に上ろうとする時に抵抗が起こるので，抵抗が除去されることによって抑圧されていたものが分析・解明できるのである．患者は，その抑圧され忘却されていた事柄，情況を想起して語ることによってカタルシスが起こると共に，自分に矛盾や不幸をもたらしていた対人関係の持ち方や生活態度などを自己認識・自己洞察できるようになり，症状から，自分を悩まし苦しめている呪縛から脱出・解放されることができるのである．

　臨床的に「抵抗」は様々な形で現れる．例えば，事実を隠し立てする形，忘却の形，遅刻，欠席，観念の羅列，徒に感情的になる，性愛化，行動化心身両面にわたる新たなる症状の形成（フェレンチのいわゆる"一過性抵抗"）などである．

　フロイトによる古典的な抵抗形式は以下の五つである．
1）抑圧抵抗
2）転移性抵抗
3）病症利得性抵抗
4）反復強迫抵抗
5）超自我抵抗

　抵抗を除去する作業の中心は"抵抗解釈"にある．「解釈」というのは患者をして自らを語らしめて，そこに現れた患者の特徴的な表現のパターン，内容，コンプレックスなどを分析者が充分に把握・了解できたところを患者と二人で確認し，確認できたところをあらためて分析者が言葉で伝えて患者に自己認識・自己洞察を生ぜしめる作業を「解釈」と呼んでいる．

　したがって，抵抗解釈というと，様々な形で現れてくる抵抗を解釈することになるが，性格抵抗を解釈すれば"性格分析"になり，転移性抵抗を解釈すれば，その抵抗が除去されると同時に，その転移そのものの解釈が可能と

なり，それが，例えば父親転移であれば父親コンプレックス，患者と父親との関係の分析ができ，患者に，父親に対してもっていたコンプレックス，父親と自分との関係の在り方などが認識され洞察されてくる．

そのような解釈の実例は，第7章の「(2)分析の経過――分析技法の実際」の所ですでに記述してあり，本8章の「(2)分析過程の逐次的解説」で解説する．

基本的には，分析者が分析者として是非善悪を棚上げして，患者を受容的，支持的，感情移入的に話をきいて行っている上に，分析の初期に出現する様々な形の抵抗を上述のように解釈していくので，患者は少しずつ分析の仕方がのみこめてくると同時に，分析者に対する信頼，安心感が持てるようになり治療場面で心理的退行を起こすという"治療的退行"がみられるようになり，退行に併行して過去の対人関係から幼少期の対人関係，つまり父親，母親，兄弟姉妹との関係などが分析者に転移されてくる．

したがって，幼児期までの分析が可能となり，幼児期の心的外傷，幼児期神経症が明確に分析・解明されてくるのである．しかも，ただ単に分析・解明されるだけでなく，そのように，例えば，父転移を分析者に向けてきた場合に，幼少期に父親が示したであろう態度とは異なって，分析者は患者の態度や感情を一切，批判せず，受容的，支持的，感情移入的に理解し，そうして把握できた所を患者が自己認識・自己洞察できるように解釈を与えるという事を行うので，患者は，そこで，父親との関係では体験しえなかった感情体験の修正を体験するわけである．それによって父親コンプレックスからも，その分，解放されるし，それに基づいていた反復強迫的な人間関係の持ち方も変化し，修正が起こってくる．

この心的現象をF. アレクサンダー (1940) は"修正感情体験" Corrective Emotional Experienceと呼んでいる．

ところで，必ずしも転移現象によらなくとも，上手に話をきいて過去の情況を想起させる事ができれば，幼児期の父親，母親，同胞などとの関係なども明らかにする事はかなり可能である．

ここで「逆転移」Gegenübertragung（対向転移と訳した方が適当）という重要な現象に言及しておかなければならない．「逆転移」とは狭義には，患者が向けてくる転移に触発されて，分析者の内なる感情が，転移に対向して，本人がそれと気付かぬままに動いてしまう現象を言う．

広義には，分析者が，気付かぬままに自分の個人的な感情を患者に向けてしまう現象を言う．この「逆転移」が起こると分析は，うまく行われなくなってしまうのである．すでに1908年にC.G.ユングによって「分析者の逆転移の不断の自己洞察による随意的統制が精神療法の根本前提である．したがって，分析医自身も分析を受けた経験がなければならない」という事が提唱され，フロイトも「われわれは患者の影響によって，医者の無意識的な感受性の上に生じる，いわゆる，逆転移の存在に注目しているが，医者は自分自身の内部にある，この逆転移に注意して，これを克服しなければならない．いかなる分析医も，ただ彼のコンプレックスや内的抵抗が許容する範囲でのみ分析の仕事を進め得ることに気付いたのである」と述べている．

逆転移は分析者が，それと意識しない無意識のうちに起きてしまうので，やはりスーパーヴィジョンを受ける必要がある．

しかし，「逆転移」はただ単に克服すべきものとしてだけではなく，その後，その活用も提唱されるようになった．つまり，その逆転移を起こしめている元の転移内容を逆転移によって逆探知して分析・解明するとか，もっと広義には，そのような逆転移を起こさせるのは，その患者の対人関係において，そのような感情反応を周りの人たちに起こさせるのではないか，そのために不適応を起こしているのではないか？　という推測をする事ができる．

「解釈」の順序としては，やはり，患者の自我が理解しやすい現在の状況での表層的な所から取り上げ，次第に治療的退行が起こって転移現象がみられるようになって，転移解釈を行うというように過去～幼児期へと進めて行くのが，最も効果的といえる．そういうふうに分析して行けば，症状の持つ意味も自然と解明されていく．

ただし，このように述べると，一筋縄に分析が進むように思われるかもし

れないが，軽症の場合以外は，なかなか，そうは行かなくて，分析者に一通り筋は読めても，患者に本当に洞察させる為には，同じ事柄に関して何回も繰り返し，それに関連した体験を，その時の気持ちと一緒に"想起させて語らしめ，カタルシスを起こさせながら同時に自己認識・自己洞察をさせるという作業をさせるという徹底した分析が必要となることが多い．その事はフロイトが"想起，反復，徹底作業"という論文の中で強調している．

　以上のような過程を経て抑制・抑圧されていた感情の解放（除反応・Abreagieren），浄化（カタルシス）が起こり，感情体験の修正も体験され，自己認識・自己洞察も得られる．

　このような過程の進行と共に自我の強化，成長，成熟が促進される．

　そのようにして，これまで強迫的に反復されていた感情，思考，行動の古い幼児的で未熟なパターンからの脱却，成長が起こり，現実観念の発達した自我が現実検討能力をたかめ，現実原則に則った年齢相応の対象愛の発達した対人関係を持つことができるようになり，安定した自己評価が得られ，仕事をする能力，あるいは学校に行って友達と交遊し勉強する能力が回復あるいは獲得されてくる．

　このような状態にまで達した時が治療終結の時期である．

(2)　分析過程の逐次的解説

　本症例のような場合，幼少期から娘時代にかけての父親や母親を中心とする家族への不満，同胞葛藤が「幼児期神経症」として存在し，それと同質の不満，葛藤が夫や子供を含めた現在の家族状況で再燃して「成人期神経症」を発症しているというオリエンテーションで話を具体的に聞くのが分析の一つの"コツ"であると言える．抽象的概念的に説明された話を聞いていっても，あまり感情を伴わないので治療効果はあがりにくい．

　何よりもまず患者に落ち着いて充分に語らしめるために，分析者が受容的，支持的に耳を傾けることが必要である．

ただ事情を聴くだけではなく，そういう事情の中での患者の気持ち，感情反応にも感情移入しながら具体的に聴いていくことが肝心である．感情移入というのは同情するとか同感するという意味ではないことは言うまでもない．

そのような状況で，この患者は，そのように感じ，反応したのだな，なるほど！ と感情移入しながら分析をすすめて行くのでなければ，患者に肩入れし味方することになってしまって，患者自らをして自己認識，自己洞察せしめるという作業が混乱してしまうことになる．

〔面接：1～3回〕

「こんなになったのはあなたのせい！ もっと早く気がついて医者へ連れていってくれなかったからや！」と夫を責めている．

表現形だけを見ると典型的なヒステリーの他罰的言辞であるが，これの意味するところは，分析が進んで判明した所によると，小さい頃に"はしか"がこじれてしまった時のことについて「こんなになったのは父親のせい！ 父親がもっと早く気がついて医者へ連れていってくれなかったからや！」と言っているのと完全に符合・対応しているのである．分析のこの時点では，そこまで分かっていなかったのであるが，激しく表現されている事柄の場合，本質的に同じ事が幼少期にいわゆる心的外傷としてあったのだという精神分析の一般理論が当てはまるわけである．そのつもりで〈なるほど，そう言いたい気持ちなんだな〉ときいておくのがよい．

「自分の好きなことばかりして！ 私のことを構ってくれない！」と言っているのも，婚前交際中は熱烈に構ってくれていたのに，次第に構ってくれなくなったという事を言っているのであるが，これも「私のことを構ってくれない！」という恨み腹立ちは，元々は父親に対して抱いていたし，現在もなお抱いている感情なのである．

なお，完全にヒステリー性の他罰型でないことは「主人を苦しめるし子供にも悪い影響があるし」と自己反省的なことを述べている事からも分かる．だからこそヒステリー症とならずに不潔恐怖症を発症しているとも言えよう．

その事については後程また言及する．

　要するに，婚前交際中は満たされていたものが結婚後何年かして満たされなくなった，J. ヴィリィの言う相補性に基づく共謀関係が破綻を起こしたのであり，また，下層には幼少期の父親を巡る欲求不満や葛藤がほとんど同じ型で存在していたことを示しているのである．

〔面接―4回〕

　ここでは患者の言った事をまとめる形で，不満のためにノイローゼになったことを確認し，説明し，その不満や問題点を分析・解明することが治療であるという事を説明している．そうすると「苦しいから，楽になるように，いっそ死ねる薬を下さい」などと言っているが，分析者はその気持ちは分かると Non verbal に態度・表情で示しながら〈治ったら楽になるでしょう〉と，重ねて治療すれば治る事を強調している．それ以下の説明もすべて治療法に関しての説明に費やされている．

　このケースでは初診より症状，現病歴，家族歴などを聞きながら精神療法に導入し4回目で治療法について患者が一通り納得いくように説明しているのである．そして，このように重症で，やや混乱しかけているケースでは多少"励まし"的態度も有効と思われる．

〔面接―5回〕

　この回も患者が内面の真実を語ることへの不安，現実には，それが主人に知れないか？　という不安に対して秘密は守られる事と，秘密な事も話さないと治療にならない事を説明・説得している．

　なお，この回，前回に治療法について説明した効果もあってか，自分自身を顧みた事を手紙の形で持参しているが，なかなか自己省察・自己分析がよくできている．治療法の理解もよくできている文面である．

　このように冷静になると，これだけ自己反省，自己認識ができるのに，一度感情が激しだすと全く非理性的な言動となる．ただし，そのいわばアクテ

ィング・アウト的言動は如実に患者の気持ちを現しているわけであるが.

〔面接―6回〕
　この一週間, 家で主人に対する不満を爆発させ, それを満たしてくれることを求めて甘えと依存と攻撃が噴出している. 治療の場でも, その気分が続いて現れ, 手放しで泣きながら語っている.
　そこで, その状態・気持ちを気持ちとして認め, 受容的, 支持的に〈手放しで泣いて, まるで三つか四つの子供みたいですね〉と言っているのである. 決して, 子供みたいに！　と非難・軽蔑しているのではない. それでも患者は「もう, どうしたらいいの！」と感情的に反発している. ここで下手をすると, 分析者は患者の激しい反発に直接的に反応してしまいがちである. しかし, ここで分析者は前言に引き続いた調子で〈どっか気持ちが育っていない所があるね. 変に気が強かったり弱かったり. ぽつぽつ自分の気持ちを考えてみて, 治していかないと〉と, やはり受容的, 支持的に, そして性格分析的に治療を促しているのである.
　したがって, 患者は, 自分というものを一部は分析者が分かってくれたという実感の上にたって, 今度は逆に甘えた態度で――反発しているのも甘えといえるが――「どんな気持ちで生きていったらいいの？」ときいている.
　それに対して, 分析者は, これもまた引き続き受容的, 支持的な雰囲気, 言い方で年齢相応の分別が充分育っていない事を指摘した上で, ただ指摘するだけでなく, どうしてそのようになってしまったのかを見て行きましょう, と, 励まし的な言い方の中で精神分析療法のやり方についての説明を含ませている. これは自己直視という厳しい作業をしなければならない患者への励ましが必要との計算であるが, 分析者が一緒に見て行くのですよ, という意味も含まれているのである.
　ただし, それを直接的に表現しないように, つまり, 治療的距離を保つように心掛けながら述べているところである.

〔面接—7回〕

　これまでの治療で，大分自分が分析者に理解され受容され支持されているという実感と，夫がまた構ってくれるという状況で気持ちがかなり静まり，少しは満たされた事によって適面に症状が軽減してきた所である．

　しかし，夫も一生懸命に構ってくれたり世話をしてくれたりしているが，自分が病気になっているから仕方なしにやってくれているという感じがするのか，その不信感，不安感が分析者に対しても「先生，本気で治す気になってくれているの？」と言わしめているのであろう．

　したがって，ここでは分析者は〈本気ですよ〉とか〈こうやってあなたの治療をしようとしているでしょう〉とかと直接的な言い方をしないで〈主人は自分がノイローゼになったので，また，一生懸命にやってくれているが病気でなかったら，あるいは病気が治ったら，また，自分の事なんか本気で構ってくれなくなるんじゃないか？　という不安があって私にも，本気で治す気になってくれているのか？　という不安というか疑念が生じてくるのですね？〉と応じた方がよかったと考えられる．

〔面接—8回〕

　ここまできて大体，患者には，客観的に自分をみることが治療であると納得ができてきており，治療的な話し合いが可能となってきたと思われたので，分析者は"自由連想法"によってさらに本格的に分析療法を進めようとの計算で自由連想の方法の説明をおこなっている．

　対面法だと，どうしても患者の直接的な依存性が出やすいし，分析者の方も生な形で対面しているし，分析の本来の手段である転移現象が明確に現れにくい．それに自由連想法は分析者との対面ではなく，文字通り自分との直面というセッティングになる．

　また，この回，患者が言っているように，下手をすると"質疑応答"という形になりがちである．そのような質疑応答に落ち込まないで分析を続けていくのには相当な力量が要る．第1編で述べた"分析的問答"ができればよ

いのであるが．そういう意味では自由連想法がこなせるぐらいの人にして初めて，その力量が備わってくるともいえよう．

自由連想法についての説明は人によって説明の仕方は多少異なるが大体この回で述べているように説明している．

〔面接—9回〕

これまでの治療効果と前回の自由連想法の説明，それと，夫のそれらに対応しての態度などから，それまで例えば「周囲の人が少し気をつけてくれていたら……」とか「先生，本気で治す気になってくれているの？」とかいった他罰的，依存的な態度から「自分で自覚して」「自分で努力して」といった態度が明確となってきた．

どのようなケースでも，何等かの形で"自分の問題"として自分が責任をもって努力しようという心境の変化が起きないと精神療法は本格化しない．そこまで患者の心境をもってこれれば占めたものである．いわば人間存在分析のレールに乗ったといえよう．

しかし，そこまで持ってくるのに特別な手技を使ったわけではない．受容的，支持的，感情移入的に患者の話を聴き，それに分析的な解釈〈何がどうなっているのか，"自分は"どうなっているのか〉を少しずつ加えていっただけである．分析というのは自己認識，自己洞察をもたらす方法だから当然であろう．

〔面接：10〜11回〕

分析のレールに乗ったといっても，やはりレールに乗る前に二回は足踏み状態となった．

この回，また，「説得してほしい！」という所が出てきており，夫に対しても「精神科に連れて来たりして気違い扱いして，一生恨んでやる！」と激しく泣きながら叫んでいる．

そこで分析者は〈精神科に連れて来られたという事だけでなく，前から，

結婚して5年，10年たつと，段々と以前ほど構ってくれなくなったという不満があったんでしたね〉と問題の焦点を本来の方へもっていくように対応した．"構ってくれない"というのが，この患者のテーマである．

つまり，夫が構ってくれなくなった，父親が構ってくれなかった，一生恨んでやる，という未解決，未克服のテーマである．

〔自由連想法：第1回〕

感情が静まってきたので，あらためて自由連想法を薦めると素直にカウチに横になり自由連想を始めた．やはり同じ事を言っているようでも自由連想の形でやると，より直接的な形で心情が表出される．

例えば，"主人の愛情で，どうして治してくれなかったのか"と，これは今まで「恨んでやる！」とか「〜してくれない！」とかいった形で表現していた気持ちの根本の所の感情である．"屈辱感"という表現も初めてであり，いろいろと言っている気持ちの底に屈辱感を味わわされていたという事がストレートに表現されている．

「死んでしまいたい！」というのではなく「何もかも忘れて寝てみたい」という常識的平穏な次元での率直な気持ちが語られている．

ところが，次の回は一度はカウチに横になりながら「自由連想は嫌い！」と言って起き上がり，座ったままで対面での話しとなった．

〔対面—1〕

この回の3つのキー・センテンス：

「説得してほしい」

「先生も愛想尽きたでしょう」

「もう匙投げたな？」

これらに対して，この段階での分析的解釈をおこなっている．つまり，「愛想尽きだだろう？」と夫に向けていた感情，態度を分析者にも向けてくるという事を確認している．軽く夫転移解釈を行ったといえよう．

「説得」は〔自由連想法：第2回〕において、義兄は「説得」一本槍で実の妹ならぶん殴ってやるのにと言ってました、と話し、義兄は好きだったと述べている．つまり、この部分は義兄転移といえよう．「愛想尽かされた」「匙投げられる」は〔対面―6〕で、父親に挑発的に反抗し、ついに父親を叩いたりしたので父親に、匙を投げられた、と述べている．したがって、これは父転移といえよう．しかし、この〔対面―1〕の段階では義兄や父親との事も患者によって語られていなくて分かっていないので、まだそのような転移解釈はできず、患者の心情を受容的に確認しているだけである．

〔対面―2〕

前回の所で述べたように、ここでもまだ患者の言う「説得してほしいんだけど……」というのが義兄転移という事が分かっていないので、次のように対応している．

〈説得してほしいという事は構ってほしいという事と一緒だが、誰かが構ってくれたので、それがなくなって不満がつのるのか、今まで誰も構ってくれなかったので構ってほしいのか、どちらなんでしょうね？〉と、いわゆる幼少期体験をきき出そうとの計算で、このようにきいている．

そうすると、まず、夫に関して「結婚するまではよく構ってくれた」という事が語られている．そこで、重ねて〈家の人はどうだったのかね？〉と幼少期の体験を聞き出す質問をしているのである．

それでやっと「5～6歳の頃かな？ ハシカが内攻して一年か一年半ぐずぐずしてね、あれで気持ちがひねくれたと思う．もっと構ってくれていたら、あんなにこじれなかったのに、親が悪いんだと言ってやった」という答えがかえってきたのである．

そこで、〈なるほど！ 親に対して言っている気持ちも、今度、主人に対して言っている気持ちも全く一緒ですね云々〉と幼少期の親／特に父親に対する不満が、現在、夫に対する不満として再燃してきたのである事を確認したのである．その後、さらにマトメて患者の現在の情況を受容的、支持的に

感情移入しながら再確認し，だからノイローゼに落ち込んでいるので，どのような事が，どのように気持ちに引っ掛かっているのかを見ていく事が治療だ，という事を，この回の状況に即して付け加えている．

　患者はそこで「私は主人と先生を一緒にしているんですね」

　と語り，分析者に夫転移を向けてしまっているが故に治療が混乱し，うまく行かなくなっている事を患者自らが認識・洞察している．

　そして，患者の言動は激しく強いようにみえるが弱い所もあるのですね，という事を分析者が受容的に述べた事によって患者は自分の弱い所を素直に出せる心境になって，「私，案外弱い所があるのよ」と述べているのである．これまでは強く激しい形で表現していた不満，不安などを，分析者が，不安で弱気な所もあるんですね，と解釈したことによって患者は分析者に自分の両面を理解してもらったと分かってさらに安心し，分析者は自分が強気な言動をしているが弱い所もあるんだという事を分かってくれているんだということで，これまでよりも素直に自分の気持ちを見ていこうという心境にもなってきたのである．

　したがって，このような経過を経て，次回はまた素直に自由連想をしたのである．

〔自由連想法：第2回〕

　前回までの，特に前回の分析者の解釈，説明によって「常識的に考えれば，ばかばかしいノイローゼだと思う」「先生に甘えずに，自分が努力しなければ」といった自己認識・自己反省を持ち，分析者に治してもらうのではなく自分で治る努力をしなければ，という自覚を述べている．

　そして既に〈対面—1〉の所で触れたように，この回で初めて「説得」というのが義兄がそうしてくれていたのだという事が語られている．そこで分析者は患者が分析者に義兄転移を起こしていたのだという事を〈なるほど！云々〉と確認し解釈しているのである．

〔自由連想法：第3回〕

ここで語られている"夢"は患者が分析者に恋愛転移を起こしている内容で，これは義兄に恋情を持っていて，それを分析者に義兄転移を起こしていたのと同じことを顕している．義兄はそのようにあって欲しい父親の代理者と考えられるので，義兄に対しては父転移を向けていると考えられる．つまり，〔分析者←義兄転移〕〔義兄←父転移〕となっている．これまで自分の事で一杯だったのが「主人も大変，げっそり痩せて，可哀想でちょっと涙がでてくる」と主人も大変なんだという労りの気持ちも出てきている．また自分の事も少しは距離をおいてみるようになり「自分に対しても不憫な気持ち」と述べている．分析者に対しても，これまで「本気で治してやろうという気なの？」と不安感をもっていたのが，ここまできて「熱心に治療してもらっている」と述べている．

これまでは不安を秘めながらも激しくActing out的に振る舞っていたのである．そこで，さらに，補足して，〈そもそもノイローゼを起こす元になった不平不満などの気持ちを充分にみてゆきましょう〉という事を付け加えておいたのである．

〔自由連想法：第4回〕

自由連想の中では前回に引き続いて自己反省した事を語り，"気持ちひとつでやり直せると思う"とか"視野をかえてやりたい"とか新規蒔き直しの気持ちを述べているのは，それはそれでいいのだが，これだけ激しい症状，性格の人物が多少自己反省し出直そうとの心境を述べたからといって，そんなに容易にこのまま順調に行くはずもないので，分析者は〈視野をかえる事もだけど実態もちゃんとみて解決しておかないとね．短期間に気分が変わるでしょう！　その時の気分，考えだけではなく，ずっと通してみてみないと，考えてみないと〉とまた確認しているのである．

そして，この回で語られた事を具体的には，どのような事だったのかを確認するために〈気ままな生活をしていたと？　例えば？〉といった聞き方を

しているのである．そうすると自分が主人に対して，どのような気ままな勝手な事をしていたのかを，やや反省的に具体的状況を語っている．そのように具体的な話をしていると「今からでも，主人が私の話を聞いてくれなかったら横になってやる！」と，自由連想で反省的な事を言っていたのをひっくり返すような事を言いだしているので，分析者はそこで〈辛抱して頑張ると言っていたのが，早そんなふうに言う！　頑張ると言っていても頼りないね．頭で分かっていても，まだ気持ちが治まっていないんですね〉と言って，確認作業を行っているのである．

〔対面―3〕

　前回の自由連想で自己反省し，視野を換えて新規蒔き直しの気持ちでやろう，と語っているのを，分析者は，まだまだ，それ位で鬱積した不満や葛藤が克服し切れるものではないとの判断で，〈視野を換えてやることもだけど，もっと気持ちの方を見ていかないと感情の反乱がまだ起きるから〉というような事を言って，感情の分析が必要なことを強調したので，今回は，とても自由連想などといった間接の形ではなく，分析者とより直接に話したり聞いてもらいたいという気持ちが強くなって対面での治療を求めてきたのであろう．

　それと，この一週間の間に主人や実家の家族との間で，かなり激しい感情的なやりとりが行われており，それも大きく影響しているようである．それで，無理に自由連想法を強要せずに対面で聞くことにしたのである．ただし，前回，患者が"気持ちひとつで自分はやり直せると思う"などと語っている所を文字通り支持的に聞いていくというように対応しておれば，今回も自由連想法でやれていたかも知れない．現存在分析であれば，そのような方向で存在可能性を開かせるように持っていくのであろうが，やはりまだ相当長年に渡って鬱積している欲求不満，恨みつらみ，葛藤を充分に表出せしめ，カタルシスも生ぜしめ感情的洞察もおこなわないと，それも不可能に近いというか，とても困難であろうと分析者は考えたのである．

つまりまだ大量の未克服の感情や衝動を有したまま，仮に，その人なりの実存的投企を企てても，あちこちが引っ掛かって，まともで適切な投企はできないと思われるのである．

　患者が「姉が私に，一番下の子で可愛がられてわがままに育てられたから．もっと理性で押さえぬといけない，と言った」と話したのに対して，分析者は，〈確かにそういう事は言えるわね〉と確認した上で〈わがまま，と一般には言うが，それは，理性的にといっても感情が押し出てくるからという所もあるので……．また，末っ子で甘やかされたと言われるが，末っ子というのはあまり叱られもしない代わりにあまり構ってももらえないという面もあるわね〉というように一般の人が常識的に"わがまま"だとか"甘えている"と言っている所を分析的に見直してみせているのである．

　この辺りは下手をすると分析者の方もつい一緒になって，そこはやはりわがまま，甘えだなあ，と内心家族の人の常識的な言い分に同感してしまって分析が迷路に入っていくことが間々あるようである．わがまま・甘え，と言われているのは患者のどういう所を指して言っているのか？　そうして，それはどうしてそうなったのか？　と生活歴・家族歴的に追究していくのが分析なのである．

〔対面―4〕
　夫の陳述によると，景色が綺麗というようなゆとりが少し出てきた事と，夫の許から飛び出して行ってしまわないかという不安を夫に感じさせる所があるようである．

　患者の述べる所によると，汚いという症状は大分軽減してきたが，どんな拍子でまた汚い！　と症状がひどくなるかも知れないという，自分で自分が分からない，コントロールできない所があるという事が認識できてきている．ところで，「主人は世間体で私を治そうとしている所が主みたい．馬鹿馬鹿しいなと思う」と夫の態度・心根についての不満を"馬鹿馬鹿しい"とい

うように強気な表現をしているので,〈それだけ？〉と聞いて,より直接的な感情を語らせようと質問すると,「それは口惜しいわね」と自分としては口惜しいのだという,より直接的な気持ちをあらためて語ったのである．

そこで分析者は〈馬鹿馬鹿しいという態度だけで振る舞ってしまうと無理がくるわね．云々〉とここでも分析的に指摘して自分の感情を直視し,それをそのまま表現しましょう,という事を確認している．

このように折りにふれて分析に絡めて分析療法のやり方について何回も確認・説明しているのは,この患者の感情が激しい所があるのと行動化も激しい所があるからである．

〔対面―5〕
夫の陳述によると,小康状態を保っているが,いつどうなるか!? まだまだ不安で爆弾を抱えているような感じなのである．

患者本人にとっても同じで,〈対面―4〉の時に「自分が怖い」と述べている．しかし,今回は,このところ,「日に日に良くなる感じで,以前の自分を取り戻していくよう」と述べている．

次に,「今は病気だから献身的にやってくれてるけど,よくなったら……」というのは"疾患への逃避"と"疾患利得"の状態を現しているのであるが,病気でなかったら,もうこのように構ってはくれないという嘆きでもあろう．

そして結局,「主人が,気違いがどうのこうのと言ったので頭を3回たたいてやったら,頭が痛いと2日冷やしていた．そして後で謝る．そこがね．叩いたな！ と言って私をぶん殴るくらいならいいんだけどね」と述べているように自分より強い男らしい夫を求めている．父親もそうでなかったし,ただ義兄だけが,そういう所を持っていたので義兄が好きだったのであろう．

同じ事が持参した手紙の中にも「先生に怒鳴りつけてほしい時もありました」と書いてあるので,〈一度,叱られてみたいわけですね〉と分析者は確認した．これまでに,義兄は実の妹ならぶん殴ってやるのだがと言ってくれた,と話していたので,そのように確認したのである．

しかし，これも結局は〔対面―6〕で患者が語っているのであるが，患者があまりに強く反抗するので父親は"匙を投げ"て，その後は"怖いものに触れるように"していた，という事であり，源はやはり父親との関係における不満なのである．この回ではまだ，そこまで患者から情報が得られていないので前記のような対応をしているのである．

患者自身も，この段階では，先生も怒ってくれないし主人も怒らないし，と夫に求めて求められないものを分析者に求めているという情況なのである．結局は父親に求めていたものなのであるが．

解釈は表層から深層へ，現在から過去へと一段階ずつ着実に行う方が効果は確実である．それが分析技法の常套である．

〔自由連想法：第5回〕

これまで随所に出てきていたように，これまでの所は患者のその夫に対する不満，求めて求められない所を分析者に求めて満たしてもらおうとの気持ちが主流であった．したがって，転移のほとんどは夫転移であり，その夫転移解釈が主な作業であった．もちろんそれは結局，源は父親に対する不満であり求めて求められない所なのではある．

それが，この回は夫と自分との夫婦関係を考え，子供に対する母親としての自分という事を考えるという方向になってきている．そして自由連想の後の話し合いの所では，ほんの少しだが父親・母親との関係，さらには同胞関係にも話題が及んでいる．

夫との関係　　→　　分析者との関係　　〜　　夫転移　→　義兄転移　→
〔日常生活場面〕　　〔治療場面での分析者との関係　〜　転移関係〕
《現在》

→父母との関係・同胞関係
　　　〔娘時代〜幼少期〕
　　　　　《過去》

以上のように《現在》から《過去》へという分析の定石どおりに分析過程が進行していると言えよう．

これがまた，[表層→深層]という順序にもなっているのである．

自由連想の内容を見てみると，これまでに得られた自己認識，自己洞察を基にして次のような事が語られている．

"私ら夫婦は相性が悪い．対照的な性格""悪妻だから""子供に対して本当の愛情があるのかどうか？""子供があまり慕ってくれないと思うとガックリ．心が貧しいのかな私は．これ以上の人間性ができないと"

自由連想の後での話し合いでは：――

「父母の愛には確かに恵まれなかった．以前は一人の方が好きだったけど，今は怖い．今までの反対になっている」と述べるので，分析者が〈以前は一人でも頑張っていた．今はそうはいかない？〉と言うと，「先生，いつになったら説得してくれるの？」と，一人で自己と直面する自由連想法でなく，分析者にいろいろと言ってほしい構ってほしいという気持ちを表明している．

直接に話をしたり，聞いてもらったり，いろいろ言ってほしいという気持ちが昂じてくると自由連想をしていられなくなって，対面での直接的な対話を求めるのである．それで次の回は休み，その次はまた対面となるのである．

このような経過で自由連想法になったり対面法になったりしているわけであるが，どのような形になっても患者の語る内容や患者の態度はちゃんと分析しているのである．そうして〔自由連想法：第6回〕から後は終わりまで自由連想法だけで分析が進むのである．したがって，面接11回，自由連想法5回，対面法6回を経て自由連想法の軌道に乗ったといえる．対面であろうが自由連想法であろうが，とにかく患者の言動を順次に分析して行けば人間存在分析は進むのである．いうまでもなく対面法か自由連想法かは分析のための手段である．柔道に例えれば立技でも寝技でも一本技をとれば技あり，というのと似ているといえよう．

〔対面―6〕

　この2週間また症状が少し逆戻りして悪化，つまり，ある程度，自己認識・自己洞察できてきていたのであるが，まだ未克服，未解決の感情，欲求，衝動が首をもたげてきたのである．

　夫に対しても最初の頃と同じ事を言ったりしたりしている．分析者に対しても「先生，今日は説得してくださいよ！」と切実に直接的な"説得"を求めているのである．そこで分析者は：——

　〈今は愛情欲求不満といえるね．主人が愛情をもってやってくれない．先生も説得してくれない．分析だけでは！　と．このような愛情欲求不満は子供の頃からですね？〉と質問しているのである．

　夫に求めて満たされなかったものを分析者に求めているが，それは幼少期に父親に求めて満たされなかったものだった，という事をはっきりさせるために，このような質問の形できいているのである．

　ここでもし分析者が〈幼少期に父親に求めて満たされなかったものですね〉と早めに解釈してしまえば効果は半減あるいはそれ以下になる．

　やはり患者自身に自らの体験・感情を語らしめないとカタルシスにならないし，自己認識・自己洞察にも有効に結びつかないのである．患者に知的理解は仮にもたらしたとしても感情的洞察にまで至らないので治療効果があまりあがらないのである．

　すでに〔対面―1〕の解説の所で述べたように，ここで初めて次のように父親との体験を想起して語っている．

　「それでレジスタンスとして夜遅く帰ったり．17～18歳頃，お父さんを叩いたことがある．帰りが遅い，遊んでばかりいる，と言われて．

　それからお父さん匙投げた感じ．そして怖いものに触れるようにしていた」

　ここで，夫の性格や態度に対して非常な不満を感じていたのには，その元にほとんど同じ不満を幼少期から父親に対して持っていたからであるという事が判明したわけである．

したがって，〈とすると，今の主人と同じ態度ですね〉と主人に対する不満は基本的には父親に対する不満であったのだという事を解釈したのである．患者は，「でも主人は結婚した時はちゃんとしてくれていたけど」と述べている．

つまり，結婚する時は，父親がしてくれなかった，父親に求めて求まらなかった所を，夫が患者に熱をあげて患者も呆れるくらいに親切に構ってくれたので，これなら幸せになれるだろうと思って結婚したのである．

ところが，倦怠期がきて夫がほとんど構ってくれなくなり自分勝手なことばかりするので基底に存在する欲求不満が再燃し，時々爆発を繰り返したのであることが判る．

このような経過・状況が確認され想起されると余計にたまらなくなり「昼間，一人でいる時，寂しくて切ない．肉親が恋しい」と述べているのである．

このように，患者は自分の心情を充分に語り，そこで分析者も〈両親は心で愛情を示さない．主人も結婚した頃はよく構ってくれていたが段々とそうでなくなったと．それで心で愛情を示してくれるような肉親が恋しいということですね〉と受容的，支持的感情移入的に確認したのである．患者は素直に自分の心情を吐露し，それを分析者がよく分かってくれたということで気持ちが静まり，次の回から自由連想法となり，その後は最終回まで二度と対面法になることなく自由連想法が続いたのである．

ただし，ここで一言付け加えておかねばならない事がある．分析内容からいっても患者の述べるところからいっても，患者が「寂しくて切ない．肉親が恋しい」と言っている事は分析者に充分に分かったのである．

しかし，厳密にいうと，感情移入度つまり共感度が浅いという事が，この患者の分析治療が終わって何年も経ってから筆者に明確に認識されたのである．言葉の上ではほぼ充分に対応しているのであるが，当時（筆者は入局して7年目）まだ筆者自身すごく張り切って分析を研修していた頃であった．その後，何年もたって様々なケースの分析体験と，それに伴う自己認識・自己洞察も加わって，やっと自分の中にも人の子としての肉親恋しさ・母恋し

さみたいなものが，まだ充分には克服されないまま下層の方に沈澱していた事を思いしらされたのであるが，当時は，そうではなかったので心底からの感情移入・共感ができていなかったのである．したがって，症状は見事に治ったのであるが，この患者の抱えている父親・母親との間での満たされなかった感情，そこから根差す性格的なひねくれまでにも充分修正を及ぼすような所まで分析が深まっていなかったのである．

つまり，父転移・母転移の時期がその後に続いて，さらに充分な分析が幼児期にまで及んでいないのである．したがって，また，分析者の逆転移もあまり問題になるほどではなかったのであろう．もちろん，父親／母親との関係も分析の対象にはなっているのではある．

〔自由連想法：第6回〕

この回では親との関係が大分語られているので，親／すなわち，また夫によって満たされなかった所を分析者に満たしてもらおうとしているのだと解釈している．

なお，この回，自由連想に入る前に次のような事が語られている．

この一週間の間に父親と姉がきてくれた事，そこで自分を一緒に実家へ連れて帰るように言って駄々をこねた事，その時は夫が男らしく力ずくで家へ引っ張って帰った事などを話し，「口惜しい」と言ってはいるが，夫が今までになく男らしく力ずくで自分を引っ張って帰ってくれた事に満足している表情であったので，その点を指摘・解釈している．

〔自由連想法：第7回〕

この回，途中，沈黙の続いた所で分析者が〈何も浮かばないんですか？〉とたずねているが，これは不適切だったと思う．

筆者のやり方は自由連想中は一切黙ったままで聴くのであるが，やはり，ここでも黙って次に患者の語るのを待った方がよかったと思われる．そのように患者が語りだすのを待つ事も精神療法にとって非常に大切である．そう

第8章　分析技法　191

すれば分析者の受容的,支持的な態度・雰囲気が患者に伝わるのである.この回,これまで父親の事は大分出てきているのに母親の事がほとんど語られていないので,母親について聞いたのである.そうして,患者の説明を聞いていると,次第に母親と父親の関係の話しとなり,いわゆるエディプス的な状況が語られ,父親が自分の方を向いてくれず,いつも母親の方ばかりを向いていた事を不満そうに語っている.

　父親が恐らくマザーコンプレックスの強い性格で妻に甘えを向けていたものと推測される.したがって,患者は父親から父親らしい愛情・配慮を充分に受けられなかったのであろう.

　そこで分析者は終わりの所で,〈主人にも,お父さんがお母さんしてたようにして欲しいわけですね〉と,夫に父親役を求めている事を解釈しているのである.

〔自由連想法：第8回〕

　普通は余分な会話はせずに直ぐに自由連想に入るのであるが,このケースは最初から夫に連れられて来て,夫から状況を聞いたりしていたので,その習慣が残っていて,入室する前に廊下でちょっと立ち話をしている.夫の言った事に反発する場面もあったが,患者によると不潔恐怖の範囲は自分だけとなり,主人や子供に関しては不潔かどうかは気にならなくなったとの事である.これは恐らく,関心,注意が分析それも自由連想法によって次第に自分自身の事,そして現在の夫や子供との関係よりも,結婚前の幼児期から娘時代までの親子・同胞関係の事に連想内容が移り,それにしたがって分析対象も移ってきたためであろうと考えられる.

　自由連想の中では：——

　"自分で自分と戦っている.なかなか,負けてしまうけどね"

と語りながらも,

　"父親は冷酷な男と思うわ.弟のお嫁さんに私の事を恥ずかしいと言って隠していると.私のためやなしに世間体のために"

このように特別に冷酷というほどの事柄でもない事を患者は冷酷と感じているようで，まだまだ，父親に対するネガティブな感情は強烈な所がある事を伺わせる．また，"新聞に，恨み，不安，恐怖なんかがあると精神がおかしくなると書いてあったけど，上司の家の犬が上の子の足を咬んで傷が残って腹が立っていた．その前から，その家の子に負けないようにと意識してたけど．昔の事が主人に知れないかという不安というか．そういうものもあって，いろいろ複雑な感情があってね，してたから"

と上司の家の犬に娘が咬まれた恨み，昔の事が主人に知れないかといった不安など，父親や主人への不満ばかりではなく他にもいろいろ複雑な感情・気掛かりがある事を述べている．

〔自由連想法：第9回〕
自由連想を終わっても寝たままで，「また論じたみたい．云々」と述べているが，これは現在の心境，自己反省，将来に向けて，という心境などを語っている．これまでのように症状に捕らわれた状態から，そろそろ積極的な構えになって語っているのである．

筆者は，〈すでに心境の変化が起きつつあるじゃないですか．口惜しいが情けない，とか〉と，それこそ文字通り受容的，支持的に患者のこの時の心境・構えている姿を確認したのである．神経症的な心境からRegressiveにいろいろと言っていた状態から，やっとProgressiveな心境になってきた所である．

したがって，さらに，〈母親らしくなかったとか，ノイローゼを治し，さらに性格も，と言っていますが，今やっている事も性格がどうなっているか，とそこに分析の目が向いているでしょう．それで心境が変わり，性格的な面も変わってきてノイローゼも治っていくという方向に向いているでしょう〉

以上のように患者の心境・構えの変化を確認している．それが患者の自己認識をより確実にし自信を取り戻させる事にもなるとの計算が入っている．そして，それが人間存在分析そのものであるという事を確認しているのであ

る．

　筆者が，しばしば使う『確認』というのは分析者が患者の言動を分析者の言葉で確認する事が患者の自己確認，自己洞察につながるというという事で，分析者が確認するという事は同時に患者にも確認せしめているという事である．分析者と患者と二人で一緒に確認しているという意味で使用しているのである．

〔自由連想法：第10回〕

　第7章(2)で記述したようなやり取りをしているわけである．特別，不適切な対応はしていないので11回，12回へと分析は進んでいっている．しかし，次のように対応した方がより良かったところであろう．

　〈精神的な苦痛からの逃避としての死を考える．と浮かんでましたが，まだ死を考えたくなるほど精神的に苦痛になることがあるんですか？〉

　〈その苦痛というのは，どのような苦痛ですか？〉

　前回，"この機会に性格を変えていこうと思う""これをきっかけに人間性豊かな女になれたらと思うけどね"などと言っていたが，なかなかまだまだそのように離陸できなくて逃避的な気持ちに捕らわれてしまう所がのこっている．

　したがって，そこの所に，も少し焦点を当てて分析する必要がある．しかし，もちろん，前回に引き続いて自由連想の後半では，"主人に対して変身してみようかと思うけどね，なかなかすぐにはできないけどね"とProgressiveに頑張ろうという所も出てきている事も事実なのである．

　つまり，頑張ろうかと思うが頑張り切れず，憩いの場が欲しくなったり親や兄弟に甘えたくなったり，さらに，時には逃避的な気分から死を考えたりもするという両極の間で，まだ揺れ動いているのである．

　そこの所を受容的，支持的，感情移入的に指摘・確認・解釈しておいた方がよかったと思われる．なお，この回の終わりの方で，「一人だと割りと気にならない．主人とだと気になる．だから別れたい．というのは，一人だと

我慢できる」と述べている事に関しても，〈一人だと我慢できるけど，なまじっか主人がそばにいると構ってもらいたくなる甘えたくなる．だけど主人はあなたの求めるようには充分構ってくれたり甘えさしてくれたりしてくれない．それでかえって寂しさや孤独感などが募ってきて，たまらなくなるという事ですかね？〉と質問の形で確認すれば良かった所である．

〔自由連想法：第11回〕

前回，「なまじっか主人と一緒にいるより，まだ一人でいる方が我慢しやすい」と述べていたが，その事に関して，今回はさらに詳しく語っている．このように一週間という時間がたっていても，分析が軌道に乗ってくると，分析の流れに沿って一回一回，毎回の中心点を指摘・確認・解釈していけば，まるでEvery Day Analysisでもあるかのように自由連想の内容は完全に連続したものとなるのである．

もちろん，週に一回とEvery Day Analysisとでは退行や転移の起こり方や深層心理の現れ方は違いがあるかも知れないが，週に一回の分析だからといって決定的なマイナスとはならないと思われる．

とにかく，きちっとオーソドックスに一回一回分析の流れに沿って，その中心点に焦点を当てて分析して行けば，例えば，この10回から11回そして12回へ，とのように連続して分析が進展して行く．

この回，自由連想の中で，

"こんな状態から抜け出すために別れたいとかね，時々ね，私を暖かく慰めてくれる人がいたらなあと思う．主人ではダメ"と語り，自由連想の後でも，「こないだ帰った時も，父は"お母さん，どこへ行ってる？"と同じ調子でやってた．こいつ！ 未だに同じだな，と思った」と述べるので，筆者が解釈として，

〈お父さんは自分の事を無視していた，構ってくれなかった．だから父性愛に飢えていた．それで父性的な年上の男性を求めようという事になっている．云々〉と述べると，自由連想の中では"一生，歯車のかみ合わない夫婦

で終わるんだろうて思う．馬鹿な似た者夫婦ね"と語っていたのが，「私が父性愛的なものを求める，主人は母性愛的なものを求める．結局，相性が悪い」と，より明確に夫との関係を把握し言語化したのである．主人は自分に対して，結局，母性愛的なものを求めていたのだという事も長年の結婚生活の中で実感的に次第に分かってきていたのであろうが，それが自らの心理的葛藤と関係づけられて初めて明確に把握でき，言語化できたものである．

〔自由連想法：第12回〕

この回でも，夫との関係で満たされている面と満たされていない面，それと理想的な父親像を求めたくなる事．それに症状も軽くなってきてProgressiveにさらに頑張ろうという気持ちと，また，Regressiveに誰かに頼りたい，あるいは，分析者のいる所で，すーっと死んでいけたらいいだろうにといった心境との間での揺れである．

分析者は，ここでは，夫との関係を分析し解釈しているのであるが，夫も父親も自分の望むようには満たしてくれないので，誰かに理想的な父親像を求めたくなっている事をも織り込んで解釈すれば，より良い解釈となったであろう．

例えば：——

〈なるほど，結婚する前とか，結婚しても最初のうちは，御主人はとても熱心に親切に構ってくれていた．そしてあなたを普通の女にしてやると言っていた．それが結婚して何年も経つと構ってくれなくなった．その上，それだけではなくて，今度は，あなたに構ってもらいたいというような母性愛的なものを求めてくるようになった．自分はもっと優しく構ってくれる事を主人に求めているのに．だから，50歳から60歳位の年齢の人で人間的に成熟して暖かくあなたの気持ちを満たしてくれる人を求めたくなっているんですね．主人が熱心に構ってくれ優しくしてくれていたのも本物ではなかった．父親も自分を父親らしく暖かい眼差しで見てくれていなかった．

どちらも本物でなく，いわばイミテーションであった，という事を言いた

いんですね〉

〔自由連想法：第13回〕

　分析者も直接的に自分を満たしてくれない．主人も自分を満たすだけの器量も抱擁力もない．このような不満から，前の晩は，明日はもう病院へ行くのを止めたいと言い，病院に来てからは分析者に対して「もう止める」と言っているのである．

　したがって，〈昨夜は主人に，もう止める，と言い，今ここでは私に止めると言う〉という対応で一応，核心はついているのであるが，もう少し内容を含ませて解釈するとか，後で，解釈をさらに付け加えるとかする方が，より良かったと思われる．例えば：──

　〈昨夜，主人に，病院に行くのはもう止めると言ったのは，病院に行っても楽しくない，もっと楽しい所へ行くのだったらいいけど，という気持ちと，主人に対して，病院に連れて行くのではなくて，もっと主人自身に満たして欲しいという気持ちから，そんなふうに言っているのですね．ここで私にも，もう止める，と言っているのも，治療だけでは，もっと直接的に何か満たして欲しい，構って欲しいという気持ちが出てくるからでしょうかね？〉

　なお，主人の下着をハサミで切り刻むというような激しい行動は，主人に対する不満，腹立ち，憎しみなどから衝動的に行った行為であろうが，深層心理学からいえばK．アブラハムの言う，女性であるがための男性に対する復讐（Rachetypus）という要素も含まれているのであろう．

　それに，非凡な生き方をしたいとか，もっと抱擁力のある年上の人と一緒に生活してみたいといった欲求はヒステリー・タイプの女性の特徴でもある．

〔自由連想法：第14回〕

　自由連想法で14回目までできて，それまでに少しずつ症状も軽くなっていき，平静さを取り戻し，自分や夫，その他の人たちを客観的に見られるようになってきていたのが，一歩進んで，自分が以前の自分を取り戻しつつある

事，主人の長所も認めなくてはと語り，自分たちの恋愛結婚の仕方が健康的でなかった事を振り返ったりしている．

さらに，重要な事は，それまで，主人や父親など周囲の人たちが充分に自分を扱ってくれない，暖かくしてくれない，と満たされない不満ばかりに捕らわれていたのが，ここで「自分が人を愛するということをしなければだめだ」と語っている事である．

自己分析つまり自己認識，自己洞察がここまで進展してきたのである．

この回では幾つもの事を確認したり解釈したりしている．ふつうは一回，ワンポイントに絞る方がよいのである．しかし，自由連想法16回で一応，終結したのであるから，この辺りでは，そろそろ終結に向けての総まとめ的な所と言えよう．

〔自由連想法：第15回〕
前回と同じ調子で患者が自己認識・自己洞察して反省したりいろいろと振りかえって確認したりしている事を分析者が，それをそのままさらに確認したり解釈したりしている．

子育ての間は，それなりに充実しており，それに時間も手間暇もとられて忙しくて不満などを感じている間がないのが，この患者に限らず一般である．子育てが終わると，主人は仕事が忙しくなっていたりして以前のように自分の事を構ってくれないし，一人になって急に空虚感に襲われるというのが，これもよくある現象である．

そして患者も言っているように，これまでは母親らしくやっていたが，これからは母親としてよりも一人の女としても生きたいという気持ちがもたげてくる．しかし，だからといって，これをしたい，といった確固としたものを持っている人は少ない．この患者も，そういった一般的基本的な問題があらためて目の前に現れてきたのである．これは治療という枠を越えた問題といえる．

もちろん，日常の平凡な生活の中，夫との夫婦関係，また子供との関係の

中などにおける不満，あるいはふとした満足感などを分析していけば，平凡な生活の中での人間的幸せや充実感などを新たに発見したり，あるいは再確認したりでき，とにかく安定した心境になれるという事は可能ではあるが．

　この回の最後にはまた，母親の事が話されている．これは時間がなくなって取り上げられなかったし，また一回にあれもこれも取り上げられるものでないのでやり過ごしたが，母親との関係は，この分析では取り残された問題である．しかし，父親にエディプス的な気持ちを向けている，そのひとつ底には母親に対する愛情欲求不満があるだろうという事を分析者が，充分に認識していれば，分析はそこまで進展していったのではないかと考えられる．

〔自由連想法：第16回〕

　最終回に，母親は平凡な生活の中で安住していたが，自分はそんな平凡な生活では満足できないと語っている．次に，女はやはりか弱くて可愛いくて頼りないほうが男の人がいたわってくれることになるのに，自分は変に男勝りに頑張ってきてしまった，と述懐している．

　それは自分の性格が男勝りだったからではあるが，また，主人が男らしくなかったからだと述べている．その辺りの様子，二人の関係を分析者は充分に確認している．夫に関してさらに，〈ご主人は末っ子で，どっかであなたに対して母親に対して甘えるような態度だったんですね〉と補足して確認している．

　一応ここで症状も消失し，毎日の生活も平常に戻ったので治療を終結することになったのであるが，患者は人間存在分析の効果の現れ方について次のように語っている．

　"良くはなっているけどね，人間の精神て，こんなふうに変わるの不思議なわけ．機械じゃない，自分の経験としてね．誰に指図されたわけではない，自分でこうしようと思ったわけではないのに"

　以上のように感想を述べ，最後に，"やはり親が豊かな心でないと"と自分が子供の親としても豊かな心の持ち主でないといけない，という事を語っ

ている．そこで分析者も，〈自分の親たちをみても，自分たちが子供の親としても，親が豊かな心の持ち主でないといけないかなあ，と思うということですね〉と，患者が，子供の立場としても，親の立場としても，そう思うということですね，と二人で確認して終わっている．

第9章　発症の心因と素因

　症状形成の機制は次章にゆずって，本章では分析によって明らかになった心因と素因，そして，その両者間の見事な対応について見ていきたい．"鍵と鍵穴"のごとく"心因と素因"が合致した場合に，典型的な精神神経症が発症する．

　この症例の場合，すでに鍵穴に入っていた鍵を回して神経症発症の扉を開いたのは"犬の糞を踏んだ"という事であったが，それまでに心因として，すでに準備されていたのは次のような状況であった．

　恋愛中と結婚後しばらくの間，夫は細心によく構ってくれていたが，次第に構ってくれなくなっていった．この"構ってくれない"という事が，この患者にとっては非常に大きな意味をもっているのである．これが心因としての鍵であり，心的素因としての鍵穴に相当するのは幼少期，両親，特に父親に"構ってもらえなかった"ということであった．

　この"構ってもらえない"という心的素因があったからこそ，夫が構ってくれなくなったという事が，おそらくほとんどの夫婦の結婚生活において，この程度のことは認められる程度の現象であるにもかかわらず，この患者の場合は神経症発症の鍵たりえたのであろう．

　すでに分析経過の中で明らかになっている，素因と心因の対応を具体的にまとめて対応させてみると：――

　幼少期から娘時代にかけて，両親共に仕事第一で，自分の事など構ってくれなかった．特に父親は母親ばかり構って，自分などは眼中になかった．二人の姉は用事をいいつけられたり叱られたりしていたし，弟は跡取り息子ということで大事にされていた，と患者は述べている．これは正にエディプス的な状況であり同胞葛藤の状況であるが，これに対応する状況が発症時点に

おいて再現していたのである．

　すなわち，結婚して時日がたつにつれて，次第に，夫が構ってくれなくなった上に，子供が生まれると，夫は子供を可愛がり，上の子供は女児で，男親の通性として娘は可愛いものであり，下の子供は男児で跡取り息子ということで期待をかけ，一緒によく遊んでやる，という状況になった．

　つまり，父親／夫は，母親や姉／娘ばかりを構い可愛いがり，自分の事など眼中になく構ってもくれなかった．弟／息子は，ただ一人の男の子で跡取り息子ということで大事にされた．このように全く同じように対応した布置になっている．

　患者は年齢相応の女性として，また，母親として成熟した段階に達しておらず情緒的に未熟なところがあるので，自分の子供を，このように自分のライバル視してしまうのである．

　また，〔4〜5歳頃「はしか」にかかった時，親がちゃんと構ってくれてなかったから，こじれて一年あまり病弱に過ごさねばならなかったのだ．〕というのと，〔主人が早く気がついて構ってくれて，早く医者に連れていってくれていたら，こんなひどい病気にならなくてすんだのだ．〕というのが対応している．

　さらに，〔父親の愛情を確かめるために挑発的に反抗し，時には，父親を叩いたりまでしたが，父親は怒っていもくれず，しかも，その後は怖いものにでも接するようにしていた．そのような父親の態度が，益々，患者の不満を募らせ，また，失望を深め，父親としての真の暖かい愛情があるのかどうかに深い疑惑をもつようになった．〕というのと〔主人を叩いたりしても，ただおろおろするばかりで，患者を叱りつけてでも，という所がない．〕というように対応している．

　夫にも父親と共通した性質があり，そのために夫に対する不満（現在の状況）が，同じような性質の父親に対する不満（過去，幼少期の状況）と共振して増強され，心因的病原性を増幅せしめたのである．

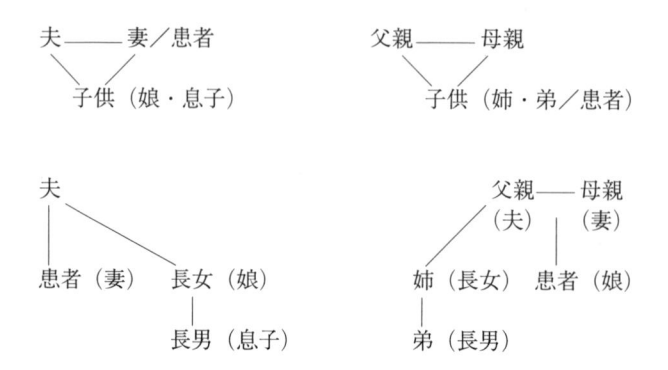

```
夫────妻／患者          父親────母親
  └─子供（娘・息子）        └─子供（姉・弟／患者）

夫                        父親────母親
├──────┐                  （夫） │（妻）
患者（妻） 長女（娘）      ┌────┼────┐
       └─長男（息子）    姉（長女） 患者（娘）
                              └─弟（長男）
```

なお，幼少期，「じんましん」が出た時は父親が背負って医者へ連れていってくれていた，という事があったが，発症の少し前に「じんましん」が出ているのである．これは恐らく夫に対して"構って欲しい""おんぶして欲しい"という信号を送っていたのであろう．

分析中，よく"義兄のように説得してほしい"と分析者に求めていたが，義兄は，説得一本槍で，実の妹なら二つ三つぶん殴ってやるのだが，と言っていた，と語っていたが，義兄に患者は父親像を求めていたのであろう．

そのような父親役を夫や分析者に求めていたのである．

患者の性格について

初診時は一見，暗くて硬い強迫性格的様相を示していた．しかし，これまでの記述からも分かるように，主な性格特徴はヒステリーのそれである．すなわち，感情と観念との分離といった強迫性格に特徴的な冷たさ硬さはみられず，表情はむしろややコケティッシュで，感情の動きも活発であり，愛憎の表現も時には激しく変転する，ヒステリー性格者に特徴的な気分変転（Stimmungswechsel）を認める．また，自らは，内向的で対人関係に気を使うと述べているが，それは外側からみると，それだけ気を使っている分だけ社交的態度となっているのである．客があると，気がすすまなくても途端に

愛想よく振る舞ってしまい，まるで演技しているみたい，と自ら述べ，だから人からは受けがよい方だと語っている．

　他人には気を使う反面，身内の者に対しては自己中心的態度を示し，常に自分が構われ注目され愛されていたいという強い欲求となる．また，勝ち気に振る舞い，夫も子供も自分のペースに従わせてしまう．素晴らしい人生を送りたいといった空想傾向も著明であり，要求水準も高く，自己顕示欲，競争心も強く，同僚や上役の家の子に負けないようにと，苦しい家計の中で早くから長女にピアノを買って習わせたりしている．

　女性のヒステリー性格形成の過程についてW. ライヒは，異性の親である父親にその対象愛を向ける，いわゆるエディプス期における問題を重視している．すなわち，父親がやさしく父娘関係が円滑にいっていると，自らの対象愛を維持し発達させることができるので，女性的性格を形成していくことができるが，父親が厳しかったり頑固であったり，あるいは未熟で自己愛的な性格であったりして，その関係がうまくいかず，円滑に対象愛が育たない状況におかれると，父親に対して反抗または攻撃的な態度をとるようになる．

　また，欲求挫折を与える人物あるいは強力な人物に対しては，自らをその人物と同一化しようとする心的機制が働く．したがって，ここに男性的な勝ち気な面が生じてくる．また，この男根期における近親相姦的葛藤において，自らの父親に対する性愛的欲求を抑圧する結果，ヒステリーに特徴的な性的抑圧・性的障害をも生み出す．

　しかし，この間の事情からも分かるように，その抑圧の下には強い性愛願望が生きつづけていることは明らかであり，そのためヒステリー性格女性に特有の媚態，心的身体的過敏さ，気遣いなども生じてくると考えられる．そして，その後の生活史においても，絶えず父親との間に葛藤を繰り返すのである．例えば，分析中に一度実家へ帰った時，父親が母親を呼んでいるのをみて，"こいつ！　未だに同じだな！"と腹を立てている．また，自由連想の中で，50～60歳の父性愛的な人と一緒に暮らしてみたい，という願望が語られている．

J. ヴィリィは以下のように述べているが，そのほとんどは，この患者に当てはまる．

『ヒステリー性格の女性は感情的にむら気で皮相的だと非難されることが多い．しかし，彼女達は自分自身の内的空虚さに悩まされているので感情表現のドラマチックな誇張によってしか自分の存在をより確かに感じることができないのである．彼女達の多くは自分一人では何事かを始めることが困難であり，内的安定も乏しい．したがって，自らの葛藤を抑圧し投影する傾向がある．いわば，彼女たちは"自らの外側"で生きている．自分自身の葛藤から逃避して，それを周囲の人に転付しようとする．常に新しい刺激によって，周囲の人達の注意を自分の上に引き付けておかなければならない．彼女を取り巻くすべてが活気にあふれて動いている場合にだけ，自分の存在を感じることができる．周囲の注目が薄れると抑うつ的な孤独感と自己喪失の不安に陥る．自分の葛藤をすべて外部へ転付する傾向が強い場合には，自分を導き，指揮し，制御してくれる補助自我，操舵手，あるいは保護者としてのパートナーが必要である．このような女性は，しっかりと自分に配慮してくれて，自分を危険に陥れることなく，自分を導き支えてくれる人を夫として必要とする．

彼女達の母親は同一視する像としてあまり適当でない場合が多い．というのも，母親自身が十分に女性性と同一視できていなかったり，あるいは，母親自身が劣等感を有しているために，手本にならなかったりするためである．ヒステリーの女性は自分の男兄弟に較べて軽んじられているように感じていることが多い．

受身的欲求への退行は，前性器期への固着によって，ますます促進される．フロイトが既に強調しているように，父親への強い執着は，母親へのより強い執着を隠蔽している．彼女は口愛的な固着のために，自分を母性的に構ってくれる男性を望み，そうして幼児的受身的な態度を強めるのである．』

W. ライヒは肛門期的・強迫性格と男根期的・ヒステリー性格との間に男根期的自己愛性格が認められる，と指摘している．その特徴の多くを患者は示している．

　すなわち，相手に対して嘲笑的か攻撃的で怒りっぽい．対象に対する振る舞いにあっては，愛情の対象に対してさえも，自己愛的要素が対象愛的要素に常に優越し，さらに多少，偽装的な加虐的傾向さえ混在する．また，男性に対して，復讐的な言動の中で去勢したり性的不能にみえるようにすることである．

　男性に対して嘲笑的，攻撃的，復讐的といった女性であることによる女性の特徴に関してはK. アブラハムやK. ホルナイも詳しく記述している．患者は特に夫や父親に対して，そういった特徴を示している．夫に対する攻撃，復讐として，その肌着を鋏で切ったり，また，性的な面では，夫に対しては直接その性的能力の乏しさを嘲笑している．

本患者の恋愛・結婚・夫婦生活

　患者が現在の夫と初めて出会ったのは，患者が最初の恋愛に破れて心身共に傷付き，傷心落胆しているときであった．そのような状態の患者に，彼は優しく献身的に世話をし，異常なほどに熱をあげ，熱心に求婚した．患者の方は特に好きになったというわけではなかったが，これほどにしてくれるのなら結婚しても幸せになれるだろうと思い，相手に何か物足りなさを感じながらも，相手のペースに巻き込まれて結婚してしまったのである．この何か物足りなさというのは，結局，この夫に成熟した大人の男性としての愛する能力，男らしさ，抱擁力が乏しかったということである．夫はW. ライヒのいう，成熟した性器的人間に達しておらず，性器期以前に固着を有する神経症的未熟な性格である．彼は多くの兄弟の末っ子で，いつまでも末っ子的気分から抜けきれず，常に母性愛的なものを求めつづけている．現に，本患者に巡り会う前に，一つ年上の女性と恋愛し，結婚したいと熱望したが，結局，

結婚できず，彼自身も大きな失恋の痛手をおっていた．

　自分自身の傷つき満たされなかったところを，そのまま持ち合わせている本患者に会って，そこに自分の愛情欲求を投影して同一視し献身的に優しく世話をしたのである．

　したがって，愛された患者の方も，その言葉を借りれば，"何かイミテーションのような"感じがするという．また，彼の方にしても，本来は自分自身が，そうされたいのであるから，真の満足ではない．つまり，この結婚は仮の相補性である．仮の相補性にしても，一応それで互いに満たされたものとして結婚生活が始まった．

　そこで，彼女は勝ち気さを発揮して頑張りだす．すると，次第に彼の方に本来の末っ子的甘え，自分勝手さが出てくる．そうなると，患者は，それまでのように，夫からこまごまと構ってもらえるという状態がなくなり，夫が献身的に尽くしてくれるが故に結婚した，そもそもの相補関係が逆転してしまったのである．

　結果的に，彼女にとっては，疾患への逃避（Flucht in die Krankheit）によってしか，再び夫から優しく構ってもらえるという利得（二次的疾患利得，Krankheitsgewinn）を得る方法はなくなったのである．

　彼女が発病すると，彼はまたこまごまと世話をやきだしたが，前述のごとく，真に成熟した対象愛に発するものでないだけにねそのような形でいくら優しくされても，心底から満たされるというものではなく，むしろ，患者からすれば，いわば，その愛の欺瞞性にいらだちを覚え，欲求不満がつのった．「優しいから馬鹿なんや！」と言った患者の言葉は，この辺りの事情を端的に表現した言葉である．ここで，これも患者が言っているように，夫の方が叱りつけてでも，妻を励ましたり慰めたりするほどの男性性，成熟した愛情を有しておれば事態は好転していたかもしれないし，また，最初から発病しなかったかもしれない．

　以上，述べてきたような結婚・夫婦関係は，J．ヴィリィの著書『夫婦関

係の精神分析』(Die Zweierbeziehung. 中野・奥村訳, 法政大学出版局, 1985)の中の「ヒステリー結婚」の経過と全く同じである.

「ヒステリー結婚」とは, ヒステリー性格の女性を殊更に好む男性——J.ヴィリィは, このようなタイプの男性を"Der hysterophile Mann"(好ヒステリー男性)と称している——が熱心にプロポーズして成立する結婚のことである.

この好ヒステリー男性は長子か末っ子に多く, ほとんどの場合, 甘やかされた母親っ子として育っている. したがって, 母性愛に対する憧れが強く, 受身的態度をとろうとする. しかし, それらは抑圧され, 意識的には男らしく男根的に振る舞おうとする傾向がある. その結果, 口愛的に母性愛を求める相手にそれを満たしてやろうとする. 彼らは自らの本来の欲求は無意識層に抑圧されるので, その反対の男性的で相手を世話してやる態度が表面に現れ, 抑圧された欲求は相手に転付される.

それ故に, その抑圧された部分に相当する欲求を持っているヒステリー性格の女性は, 自らの欲求を, その相手に転付して充足させるのに格好の対象となるわけである.

一方, ヒステリー性格の女性は, その意識下に口愛的欲求を防衛しようという態度, ならびに, 父親同一化による男のようになりたいという男性願望を抑圧している. したがって, それは, そのまま好ヒステリー男性が意識の面で有している欲求と合致するので, 好ヒステリー男性は, 彼女の抑圧された欲求を転付するのに好適な対象となるのである.

このように, 双方共に神経症的に抑圧されている欲求を, それぞれ相手に転付することができるので, そこに双方の欲求が相補的に充足されることになる. しかし, それはあくまでも神経症的(抑圧的)相補性なので, この組み合わせ, すなわち, ヒステリー結婚が続くかぎり, 夫も妻も, 結局, その神経症的(抑圧された)葛藤を解決する道は塞がれたままとなる. いつまで経っても, この結婚生活には, それぞれの葛藤が解決されて成熟した夫婦関係, 愛情関係は生じては来ず, 慢性的な神経症的葛藤の温床となるといえる.

かくして，ヒステリー結婚は，神経症発生の心因的準備状態を作り出すわけで，ここになんらかの結実因子としての心因的事件が起これば発症するし，また，長期化することになる．

なお，去勢不安が強いと，男性は正常な女性との性交において早漏となるといわれている．女性は不感症，冷感症の傾向を有している場合が多い．終わりに付け加えておかねばならない事は，筆者が，この患者を分析する時にはJ．ヴィリィの文献も著書もまだ読んでいなかったという事である．あらかじめ，いろいろな知識がある方がよい事はよいのであるが，たとえ知っていても，それはあくまで照合するために棚の上に並べておいて，分析する時は，自由に漂う注意を，患者が語ることの上に向けているのが理想的な状態なのである．

分析の理論と技法の基本を方法論的に，きちっと踏まえてやれるようにする事が分析的精神療法実践の基礎であることを強調しておきたい．

これが逆になって，様々な理論をあれこれ勉強していても，きちっとした技法を身につけていかないと，臨床場面で個々の患者の分析療法は，まともには行えないということである．

第10章　症状形成の心的機制

　本症例の発症の引金的役割を担ったのは「犬の糞」である．すでに犬が三重の意味（夫のせいで犬の糞を踏んだ，娘が犬に咬まれて傷痕がある，幼少期より動物恐怖・犬恐怖がある）を有していることは，分析経過の記述の中で述べた．

　直接的には，夫が患者の愛情欲求を満たしてくれない事に対して，不満，苛立ち，憎しみ，などを感じていたのが，夫のために「犬の糞」を踏んでしまったということから「犬の糞」の上にそれが投影され，"汚い"という気持ちを生じたのである．

　夫に対する不満，憎しみなどは，そのまま父親に対するものと同じであり，それが重なって投影されていることは言うまでもない．さらに，動物恐怖は人間恐怖の移動代理（Verschiebungsersatz）であると言われているが，たいていの場合，それは父親の代理である．父親は幼い子供にとっては怖い存在であり，肉体的，性的にも強烈な存在であるので，それが容易に動物の上に移し置かれるのである．

　犬という存在は，また，"犬畜生"と言われるように，人前でも憚らずに交接をするような性的放縦性において劣情的存在とみなされている．

　以上を要するに，本患者の「犬の糞」が汚い――黄色い物が着かないかと怖い――外出すると汚い物に触れないか，といった，汚れることに対する恐怖は，患者の内奥に存在する夫／父，犬に対する恐怖，反感，嫌悪，憎しみ，などの感情が，そこに投影されたものであると考えられる．

　不潔恐怖から二次的に洗浄強迫が生じ，行動の上では洗うという事が目立つので，一般に強迫神経症と診断されやすいが，本症例の症状形成機制は投影の機制を中心とする『不安ヒステリー』のそれである．

すなわち，患者は自らの内にある，さまざまな衝動，例えば，すでに述べた恐怖，反感，嫌悪，憎しみ，性的衝動などから生じる内的不安を，外部にある事物，場所，状況などに投影して外的不安となし，その対象，場所などを避けることによって不安を回避しようとしている．

したがって，引き続き内的衝動の高まりが収まらないと，それまでの投影では不十分となり，恐怖の対象や場所が次第に拡大していく．分析によって，その源になっている衝動，不安を解消していけば，症状が次第に縮小していく道理である．

なお，この患者の内的衝動，不安は，ただ単に夫や父親に対する不満，憎しみ，攻撃心のみではなく，夫に対する性的不満，父親に対するエディプス・コンプレックスによる近親相姦的願望，年上の父親的な人と一緒に生活したいといったような願望などが存在するのである．これらをみても汚れる事への不安，外出すれば汚れないか，といった不安，恐怖の中には，自らのこのような性的衝動を押さえきれないことに対する不安が含まれていると思われる．したがって，洗浄強迫には超自我による懲罰の意味も含まれ，また，汚れを落として汚れなかった事にするという「取り消し」（Ungeschehen-machen）の機制も含まれていると思われる．

不安ヒステリーの症状形成機制

『不安ヒステリー』とは何か．その症状形成機制を知るためには，『ヒステリー』と『不安ヒステリー』そして『強迫神経症』を比較対照してみるのが一番分かりやすい方法である．

この事はすでにS．フロイトが"Verdrängung"（抑圧と訳されているがドイツ語本来の意味は"排除"である．つまり，意識野から排除することである）という論文の中で行っている．

以下は，その要約である．

『転換ヒステリー』では，衝動は抑圧によって全く意識野から姿を消し，不安も残存しない．シャルコーの言う"la belle indifférence des hystérique"（ヒステリーの幸せな無関心）の状態である．代理形成として過度の神経支配（感覚的，運動的）が起こり，これがヒステリーの転換症状である．支配を受ける部分は抑圧された衝動代表の一部である．

ただし，代理形成は症状形成をもって終わる．

『不安ヒステリー』では，抑圧によって衝動の表象部分は代理形成により，ある方法で決められた線にそって"置き換え"の道をたどる．衝動の情緒価（衝動の心的エネルギー）は不安に変化する．衝動の心的エネルギー（情緒価）が増えると不安は強まり，表象部分の代理形成は次々と継起していく．つまり，症状は拡大していく．

"ハンスの症例"では，父親に対するリビドー的態度が抑圧によって，表象部分は代理形成で動物（馬）に置き換えられ，情緒価は不安となるので，結局，馬に対する不安となり動物恐怖症が形成される．そして馬を回避することによって不安を回避することが試みられる．

『強迫神経症』では，衝動興奮に対して，まず"退行"という現象がおこり，この退行によって「情愛的な傾向」の代わりに「サディズム的な傾向」が現れるのである．愛する人に対する，この敵意にみちた衝動に対して"抑圧"が働くのである．

抑圧が働くと，まず最初は，抑圧は完全な効果をあげ，表象の内容を却け，情緒をなくしてしまう．代理形成として「自我の変化」「過度の良心的傾向」が起こるが，これは症状とはならない．この場合，代理形成と症状形成とは別々に行われる．なお，抑圧を全うするため反対物の増強による"反動形成"という機制が利用される．

しかし，経過が進むと，消退していた情緒価が「社会的不安」「良心の不安」「容赦のない非難」に変化して再現する．また，拒否された表象は"置き換え"（Verschiebingsersatz）による代理によってささいな事や無関係な事に置き換えられる．かくして，終わりのない置き換えが行われるのである．

以上を図示すると：──

【転換ヒステリー】

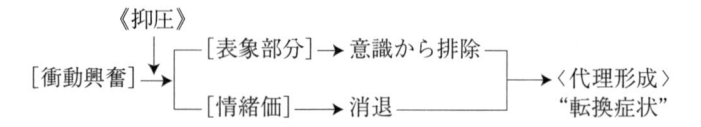

```
                《抑圧》
                  ↓
                ┌─[表象部分]──→ 意識から排除 ──┐
  [衝動興奮]──→│                              ├──→〈代理形成〉
                └─[情緒価]───→ 消退 ─────────┘      "転換症状"
```

　※過度の神経支配（感覚的、運動的）を受けた部分（転換症状部分）は抑圧された衝動代表の一部である．

【不安ヒステリー】

```
                《抑圧》
                  ↓
                ┌─[表象部分]──→〈代理形成〉"置き換え"
  [衝動興奮]──→│
                └─[情緒価]───→ 不安に変化
```

　※置き換えられた対象に不安を感じ、それを回避する．（恐怖症）

【強迫神経症】

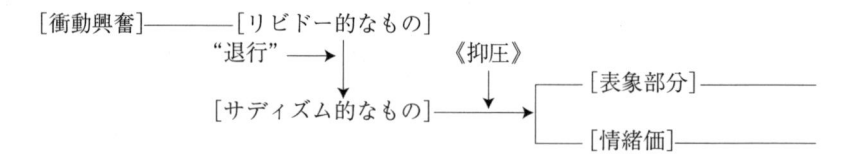

```
  [衝動興奮]────────[リビドー的なもの]
                    "退行"──→│           《抑圧》  ┌─[表象部分]────
                             [サディズム的なもの]──→  ↓      └─[情緒価]─────

      ┌─〈代理形成〉"置き換え"（ささいな事、無関係な事へ）
   ──→│「自我の変化」（過度な良心的傾向〜良心の不安、社会的不安容赦のない自
      └─→"反動形成"          己非難）
```

本症例の症状形成を上記の図に当てはめてみると：──

【不安ヒステリー】（不潔恐怖症）

[衝動興奮] ＝ 夫・父への腹立ち、憎しみ、攻撃、復讐、嫌悪、等．
　　　　　　性的衝動（夫への性的不満、近親相姦的衝動、等）
[表象部分] →〈代理形成〉"置き換え"（ある方法で決められた線に沿って）

夫／父→犬の糞→黄色い物→染み→ほこり，が汚い
[情緒価]→不安（汚れている⁉　外出すると人と触れて，汚れないか！）

※夫や父親に対する不満，愛憎葛藤に加えて，自らの内なる性的衝動も存在するので，汚い！　という事物・空間は次第に拡大し，ついには外出もできない状態となった．これは，外へ出れば性的放縦に陥るかもしれない危険に対して，それを回避しているという部分も含まれると考えられる．

　また，置き換えの対象も「ある方法で決められた線に沿って」選ばれているので，強迫神経症の場合のように，それが馬鹿馬鹿しいとか不合理だという感情は出てこない．

　なお，補足しておかねばならない事は，この患者の症状形成の主たる機制は『不安ヒステリー』のそれである．しかし，部分的には他の防衛機制も認められる．（例えば，取り消し"Ungeschehenmachen"，反動形成"Reaktions-bildung"）また，性格的にもヒステリー性格，男根的自己愛性格，強迫性格，抑うつ的性格など，様々な要素も含まれている．

　これはリビドー論的に言って，すでにS. フロイトも述べているように，口唇期，肛門期，男根期，それぞれに多かれ少なかれ固着を有しているからである，と考えれば理解できるところである．

Ⅲ 人間存在分析のスーパーヴィジョン
──逆転移の問題──

はじめに ———————————————— 217
第11章　症例Cの場合 ———————————— 218
第12章　症例Dの場合 ———————————— 226
第13章　症例Eの場合 ———————————— 237

はじめに

　逆転移に関しては，すでに，第8章(1)の所で述べたように本質的に無意識のうちに起こる現象であるので，特に，スーパーヴィジョンによって指摘され，指導を受ける必要がある．

　もちろん，教育分析を受け，スーパーヴィジョンを受けて経験を積んでいけばある程度までは自分で自らの逆転移に気付くことができるようになるものである．

　それと，一口に逆転移といっても，それこそ十人十色であり，ケース・バイ・ケースであるので十把一絡げには言えない．

　逆転移を起こしやすい人と起こしにくい人がある．全く逆転移を起こさない人があるとすれば，心理療法家としての資質に欠ける人といえよう．非常に逆転移を起こし過ぎる人も起こさなさすぎる人も，心理療法を行うのには非常なトレーニングが必要となる．ところが，ほどほどに逆転移は起こすが適当な治療的距離（Therapeutic Distance）をとれる人もある．

　いずれにしても，逆転移に気付かず，それに動かされていては，患者（クライアント）の語る事を虚心坦懐にきいて，それに感情移入して了解し，解釈を与えて患者に自己認識，自己洞察させる事は，その分できない．

　そういう観点からすれば逆転移の自己認識，自己洞察は分析療法を行う上での根本前提であると言えよう．

　本第3編は各症例の抄録のさらなるダイジェスト版で，逆転移の問題を技法論的に考察するのに必要最小限度の部分を抄記している．

第11章 症例Cの場合

20歳代　独身女性　無職

主訴：左上腹部痛
病歴：中学2年の時，ブラスバンドのメンバーとして運動会の予行演習に参加していたが，その時，初めて左上腹部痛に悩まされた．何時間も人に言わずに我慢していたが友達は何も声をかけてくれなかった．そしてバンドのメンバーから外されてがっかりした．
学歴：大学卒
家族歴：父方の祖父は患者が3歳の時に死亡，祖母は13歳の時に死亡．祖母は患者を非常に可愛いがっていた．嫁・姑の争いは記憶になく，患者は祖母と母は実の親子であると長いこと信じていた．しかし，長い間，祖母は高血圧に悩まされていたが，患者が生まれてから血圧は正常になったときいている．患者は物心つく頃からずっと祖母と一緒に寝ていた．外で面白くない事があると祖母に愚痴を言って慰めてもらっていた．父親は何事においても患者の気持ちを十分に聞いてやるというよりは即物的に現実処理的に対応する性格である．母親は患者がくどくど訴えると「うるさい．分かっている」と怒ってしまう．兄は10歳上である．兄にもよく可愛いがられていた．その兄が下宿して大学にいくようになった時，一日中泣いて親を困らせていた．兄は患者が高校2年の時に結婚したが，それから急に構ってくれなくなったと感じている．
性格：気が弱い，内弁慶，わがまま，グループに入るのは苦手，完全主義

(1)患者の応答のズレに分析者が焦ら立ってしまっている状況．

《分析者の言っている所は〈　〉，患者の語っている所は「　」》

分析，第6回目より

〈前に，兄の話をしますと言ったきり，その後，話題にならないのですが，話しにくいんですか？〉

「何か恥ずかしい気もして．母が結核を患ったために，もう子供はできないと諦めていたところに私が生まれたので，皆よろこんだらしいけど，特に，祖母と兄が可愛いがってくれた．母に叱られると祖母の所へいっていた．私が生まれてから祖母の高血圧が下がったらしい．私が生まれて家の中が明るくなったそう．祖母は何でも私が正しいと言ってくれた．云々」

〈お兄さんの話をしますと始めたのに祖母の話になってしまうね〉

——この辺りで分析者は少しイラ立ち始めている——

「恥ずかしい．兄は兄なんだけど，父でもない兄でもない感じ．10歳も違うので大きいし何でも知っているし，優しいし……」——泣き出す——

〈何故，涙が出るの？〉

「祖母の話をすると涙がでる．悪いことをしたと．父や母には当たりずらかったので，何かあると祖母に当たっていた．祖母が亡くなる2～3年前からは，祖母に言いたい放題言って．時には突き飛ばしたり．祖母は死ぬ時に"Tちゃんに何もしてあげられなかったね"と言った．祖母が死んだ時，実感がなかった．まるで旅行にでも行って，そのうち帰ってくるみたいな気分でいた．悪い事をしたと思うようになったのは一年位前に抑うつ的になった頃から．何もかも不満で不足に思っていた」

〈両親にも？〉

「私は病気やから親切にしてくれて当然と思っていた．皆が私のお腹や病気の事を心配してくれたら満足で．皆が楽しそうにしていると不満で，私の事を忘れていると思って」

スーパーヴィジョン

患者が話をずらす事に分析者がイラ立ってしまって，そこを分析する事が不充分になってしまっているのであるが，もし，ここで，このように分析者が逆転移を起こさなければ，充分に分析できたはずなのである．

例えば：分析者が〈お兄さんの話をしますと始めたのに祖母の話になってしまうね〉と言ったのに対して，患者は，「恥ずかしい云々」と述べて，その後，すぐに泣いてしまうが，それは兄の事で泣いているのではなく，祖母の事を思い出して泣いているのである．そこで分析者は〈両親にも？〉と聞いてしまっているが，この箇所では患者の兄に対する気持ち・態度を分析しようとしているのであるから，例えば，〈お兄さんの事についてあなたの気持ちがどうなっているのかを見ていきましょう，と言っているのに，祖母さんの事が思い出されて泣いてしまいましたね．お兄さんに対してはどうなんですか？〉と聞くべきであったのである．両親に対してはどうだったのかという事も，当然，分析しなければならない事柄ではあるが，ここでは兄との関係を分析しようとしているのである．

したがって，患者の話がはっきりしない場合には，一歩突っ込んで，次のように質問の形で聞くこともできよう．

〈祖母や両親に対してのあなたの気持ちをあなたは今話されましたが，お兄さんに対しても，それと同じような気持ちがあったんでしょうか？〉というのは，兄に対する気持ちを言うのは恥ずかしいので，それを祖母に置き換えて表明している可能性も考えられるからである．

第24回目より

「別に変わった事はない」「5日に友達の結婚式があった．友達は泊まった．ショックで……」

〈何がショックだったんですか？〉

「泊まったのが……，私には黙って……」

〈友達があなたに黙って泊まったのがショックだったんですか？〉

「そうじゃない．よくなっているのか，悪いのか，普段はバロメーターがない……」

〈何がショックだったのかとたずねているのですが，あなたの話では一体何がショックだったのか，私には分からない〉

「結果から先に言う方がいいと思ったからそうしたんだけど……」

〈結果だけポッと言われたのでは，何がどうなったのか私には事情がよく分からないでしょう．普段からそうして結果だけで，説明はしなくても相手に通じると思って省いてしまってあなたの話がよく分からない，となってしまう事が多いんですか？〉

「普段は逆で，両親に"結果から先に言え"と言われる．それを思い出して今日は結果をポーンと言った」

〈両親にだけはダラダラと喋るということですか？〉

「一番大事と思う事は最後に言ったりする．最初に言うと後の話を聞いてくれなくなるんやないかと思う．話を興味をもって聞いてくれそうな時は結果を先に言う」

〈相手があなたの話になんとか耳を傾けてくれるように結論を先に言ったり，後に言ったりして工夫しているんですね．両親はあなたの話をきいてくれないの？　それともあなたが聞いてくれないんやないかと不安に思うので，そうするのか，どっち？〉

「両親には，いつも同じ事しか言わないから，聞いてくれないと，後ろをついて廻って言う．母はしまいに"うるさい子や"とか"分かっている"とか言って怒る．普通の話なら聞いてくれるけど，病気のことは聞いてくれない」

スーパーヴィジョン

　このような患者の話し方は，患者が母親や父親に言われて，自分なりに工夫した対応の仕方なのであって，両親に言われた通りにやろうというのと，自分がそうしたいというやり方の両方から合成された妥協形成物といえよう．

両親との関係で患者が身につけた行動様式，対応の仕方の分析者への転移といえよう．

　その転移に対して逆転移を起こしているわけで，正に父親や母親が患者に対してとったのと同じ態度・言動を分析者がとってしまっている．つまり，分析者が父親役，母親役を演じてしまっている．このようになると分析にもならないし，また，修正感情体験も得られないことになってしまう．分析者は患者が何を言っているのか分からないという所で，〈あなたの言い方では一体何がショックだったのか私には分からない〉と反応してしまっている．ここでは，例えば，〈何がショックだったのか？　と聞いているのですが〉とでも言った方がベターであるが，それでは私にはわからない！　と腹立ち，苛立ちが出てしまっている．さらに，もう少し続けて聞くとすれば，〈普段はバロメーターがない，というのはどういう事ですか？〉と聞くのもよい方法といえよう．

　また，「結果から先に言う方がいいと思ったから，そうしたんだけど……」に対しては，〈何の結果ですか？〉と聞いた方がより適当であったといえよう．

　そして次に，「普段は逆で，両親に"結果から言え"と言われる．それを思い出して今日は結果をポーンと言った」と患者が語っているのであるから，〈そうですか，両親にそう言われるものだから，別に私が結果を言えと言っているのではないのに，そのように言ってしまうのですね，今ここで私に対して，そのように言ったということですが，そのようなものの言い方を普段でもしている事がありますか？〉というように聞くのも良い方法と考えられる．

　「両親には後をついて廻って言う．母はしまいに"うるさい子"とか"わかっている"とか言って怒る」と患者は語っているが，分析者も"イヤな患者だ""何か面倒臭い"などという気持ちにさせられている所は患者の母親が患者にさせられている気持ちと似ている．

　このように患者は両親との関係で身につけたパターンを分析者に対しても

示しているのである．

したがって，そこを転移として解釈して患者に自己認識させるきっかけとできた所を逆転移が起きてしまっているために，〈両親はあなたの話を聞いてくれないの？〉というように聞いてしまっている．

ここではまるで分析者も患者と同じ立場から両親に対する不安を気にしている形になっているようである．分析者自身の内なる両親に対するかつての不安が，患者の両親に対する不安によって呼び醒されている可能性が考えられる．

(2)患者の責任転嫁的態度に分析者が腹立たしさを感じてしまっている所．
第21回目より
「私，天邪鬼だから"ああしなさい"と言われると，こうしたくなる．迷う．結局，母の言う通りにするけど，決めるまで散々ぐちゃぐちゃ言う．結局，押し切られる方が楽．でないと，うまくいかなかった時に責められる．相談を持ちかける時にすでにそういう事を考えている」

第23回目より
〈あなたの場合，ついついぐちゃぐちゃ言ったりいろいろと質問して，それで治療時間をとってしまったりするので自由連想法にする方が，より自分の気持ちを自分でみていくんだという事がはっきりしていいんじゃないでしょうか？〉
「対面でだと先生がリードしてくれるから，話も前に進むけど，自由連想法だと同じ事ばかり言うんじゃないかしら……」
〈自由連想法が，どんな事が分からずに，ぐちゃぐちゃ思案しているより一度やってみれば，こんなものだと分かるでしょう．思案している間にやれば治療がその分前に進むのに，ぐちゃぐちゃ思案している間，治療は停滞している．病気の治りも遅くなるということですよね〉
〈一人で何かする，となると思案がでてきて話が前に進まなくなる．自分

で自由連想しようと決心がついたら言って下さい〉

第24回目より
「自分は子供だと思った」
〈どう子供？〉「何でも親に相談して、どうするか親に言わせる」

スーパーヴィジョン
　前記3回においても、患者が両親との関係で身につけた態度を分析者に向けているため、分析者が逆転移を起こして、結局、父親や母親と同じような態度をとってしまって分析すべき所がうまく分析できていない。
　23回目で分析者は、〈ぐちゃぐちゃ言ったり、質問したりするので、それで時間をとってしまうので自由連想法にした方がいいのではないか〉と対面法から自由連想法にもっていこうとしている。
　しかし、ここで、次のように患者のとっている態度を解釈することもできるのである。
　〈あなたは自分で、どうしょうか迷う場合には、その迷いを、ぐちゃぐちゃ言って、結局、"うるさいね！　こうしなさい！"とお母さんに言わせて、母親の意見に押し切られた形で決めてやる、というようにやっている。それに、そうした方が、もしうまくいかなくても、母親の言う通りにしたんだからと自分が責任を逃れられるという利点があるという事なんですね〉と言って、あらためて患者に自己認識させる事ができる。
　「対面だと先生がリードしてくれる」と言っているのに対しても、分析者は逆転移が作用して、〈自由連想法がどんなことか分からずにぐちゃぐちゃ思案しているより、一度やってみれば〉と決め付けている所がある。24回目に患者が、「何でも親に相談して、どうするか親に言わせる」と言っているが、その通りに分析者が演じさせられてしまっている。
　ここでは、責任転嫁してしまう態度を確認し解釈して、そこを自己認識、自己洞察させるのが分析療法なのであるが。

以上，考察してきたように，逆転移状態に陥らなければ充分に分析するだけの知識，技術を有していても，一度逆転移を起こしてしまうと，より直接的に反応してしまい，そこでは分析がうまく行われなくなってくるのである．

第12章　症例Dの場合

30歳代　主婦

主訴：めまい，頭がふわふわする，喉がつまる．
病歴：一年半前，同居していた実父が実姉の所へ手伝いに行っていたが，「一度家に帰る」と電話してきた時から"めまい"を覚え，それに続いて上記の主訴が出現した．
家族歴：患者は同胞4人の第3子，会社勤めの後，結婚．同胞は皆独立して生活．実母が5年前に死亡，父親は一時次男家族と同居したがうまくいかず，結局，患者が夫，子供と一緒に実家に戻り父親と同居することになった．
治療：週一回，一時間，対面法，分析的精神療法．

(1)第1〜11回．〈陽性母転移の時期〉

〔1回〕
「父の世話をしていて愚痴りたいことがあっても，自分さえ黙っていたらいい，と思って黙っていた」「先生の顔を見ていると安心」「母が死んだという実感がない．時々，墓参りして母に話しする．そしたら涙がでる．今も，ここで涙がでそう」
〈人に言えない分，墓の前で泣くの？〉「そう」

〔2回〕
「何かこの頃，自分の大切なものを無くしたみたいで……．何もする気がなくなった」
〈全体に何も文句ないのに何か物足りない．夫婦の間も子供からみると

熱々なのに？〉

〔3回〕
「私は誰にも言わないが，父と一緒に暮らすのがイヤでイヤでしょうがない」「父の顔みるのもイヤ．咳きくのもイヤ．父のやる事なす事がイヤ．生理的に合わない」と言いながら，「こんなこと言うのも可哀想」
〈お父さんが酒を飲むのを見るのが嫌いなんやね〉

〔4回〕
「父は気が弱いから酒が入ると何か言い出す」「気の弱い人と酒は嫌い」「私は父に似ている．気が弱いのに向こう気ばかり強い」〈言いたい事があっても何も言わずに頑張ってしまうのがあなたの特徴．それをここでちょっと言ったら気持ちが収まってきたね〉

〔5～10回〕
「先生に父とうまくゆかないと話したら，なんとなくすっきりした．気が楽になった．だからといって父とうまくいくようになったのではないが，やる気が出てきた」「しかし，父と一緒に暮らすのはやっぱりイヤ」「母は肝っ玉母さんなんで何でも話していた」「父にイヤな事があると母に話してねまあまあと言われて，それで収まっていた」
「私が楽しい事をすると父の機嫌が悪い．寂しいのだと思うけど」「父は，母一人子一人で育っている」「私はこうと思ったら真っ直しかいけない性格．それが父に似ているから余計いやなのかも」
〈調子が悪くなったのはお父さんが家に帰ってくると言った時だったね．話しにくいのもお父さんの事やね．そこに鍵があるということやね〉

〔11回〕
「父に関してあまり気にならなくなった」

(2)第12〜26回．

〔12回〕
「中途半端な事するの嫌い．気が弱いくせに負けず嫌い．気持ちが出しにくい．自分で不思議」
〈どんな所が気が弱くて，どんな所が負けず嫌い？〉
「気が強いくせに出せない」

〔13回〕
分析者の都合で治療は休み．

〔14回〕
治療当日に患者は電話でキャンセルしてきた．ところが患者はやってきて，「先生の声を聞いたらいても立ってもいられずに来た」「一週間治療がとぶと，すごいショック．なんとなく，ここへ来ていたら安心」

〔16回〕
「皆の知らない私がもう一人いるみたい．自分で自分が分からない」「私が二人いる．調子の悪い私と，弱い所を見せられない私と」「家で横になっていると先生の顔が浮かんで，母の声で"しっかりせなあかんやないの"と言われたみたいな気がした．母が死んだ時より，おいおい泣いた」
〈調子が悪いと言いながら家族にもそれを見せないから，皆の知らない自分がも一人いるような感じがするのかな？〉〈今のような話しでもお母さんにだったらできた？ 誰にも見せられない弱い所が〉

〔17回〕
「弱い所みせると私自身が崩れてしまうと思うので，弱い私は見せたくない．でも，本当は見せたいんですね」「主人は私が調子悪いと言うと，俺も

調子悪いと言う．私の調子わるい時ぐらい何とかしてくれたらいいのに」
「小さい事では主人に頼れるし，すごく優しいけど，いざという時があかん」
〈今まで，こんなに自分の事を話した事なかったんやね〉
「そう，だからかえって調子が悪くなったんやないかな」

〔18回〕
「父の事，調子悪くなるまでは本当にイヤでイヤでしょうがなかったけど，今は自分の調子の方が気になる」「ここで話していて先生に自分の感じが分かってもらえると調子が良くなる」
〈本当は主人にも頼りたい分かってもらいたい，けど，弱い所を見せたくない．主人もあなたの弱い所を分かりようがないね〉

〔19回〕
「今でも調子が悪くなると先生に電話したくなる」「〈母にも分析者にも〉頼って安心」「私が何をしても主人は怒ってくれないのが不満」〈主人に頼れたら一番いいのだけど，頼りにならないから私の所へ来ている？〉〈主人よりお母さんの方が頼れる？〉

〔20回〕
「（他の医者の所へ行った事を）先生が怒ってくれた方が気が楽」「怒ってもらう方が，ここへ来やすい」
〈自分が相手の意に反した事をした時には相手が怒ってくれた方がましと思う．主人に対してもそう〉

〔22回〕
夫が「男らしい気甲斐性がないので頼りない」「男らしく引っ張っていく所がない」
〈主人に男らしく叱ってもらいたいと思うんやね．お父さんもぐちぐちし

てぱしっと怒らない人でしたね．あなたの周囲の男性は皆男らしくない？〉

〔23回〕
「主人にも言いたい事を言ったし，たとえ少しでも何かしてくれたし，何か言うてくれたし，それでいいかと思っている」

〔24回〕
「年の割には私は子供のまま大きくなったみたいな所がある．自分では頼っている積もりはないけど，誰かに頼っている所がある」
〈考える前は単純な子供やったんやね．好き，嫌い，イヤ，それだけの気持ちで動く〉

〔25回〕
「父の事を言って，主人の事を言って，どちらも苦にならなくなった所がある」

(3)第27〜30回．

〔27回〕
「男らしくないから父は嫌い」

〔28回〕
「母は私の自慢の母．いわば手八丁口八丁で，なんでもできた」「父が笑っていても面白くない．男だから．男親なんだから毅然としていてほしい．私が父に対してイヤな事を言っても怒らない．主人もそう．なにか物足りない」
〈お母さんが生きていた間は何でもお母さんに相談して安心していた．今は相談する所がないというところやね〉
〈お父さんも主人も，もっと男らしかったらと．そうでないので嫌いと〉
「それは絶対ありますね」

〔29回〕

「父という感じで見てないで，男という感じで見るようになってから，お父ちゃん，と言って行きにくくなった」

〈主人もお父さんも男らしくて怒ってくれたらあなたの調子の悪いのも治るのかな〉「それもある．私が女なのにぽんぽん言っているのに」

〔30回〕

「父の事を，こっちの頭では大切に，こっちではイヤと思っている」「父のこと言いたくないので，もうここへは来たくない」

〈お父さんの事を言うのがどうイヤなんですか？〉

「自分の父が嫌いなんて耐えられない」

〈お父さんに対してイヤだという気持ちと大切にという気持ちと両方あったでしょう．それでお父さんの事をみていくのがしんどくなっているんですね．でも，そこが引っ掛かって病気になっている所だから，今ここで止めてしまうと中途半端になってしまうでしょう〉

「自分でもここが一番気になっている所と思う．やっぱりもう少し頑張ってみる」「主人がパンツ一枚でうろうろするのがイヤ，父がパンツ一つでうろうろするのもイヤで」

(4)第31〜45回．

〔31回〕

「いつも父がイヤだイヤだと言っているのに，父がテレビに映ってたのを見て，思わずテレビに"お父さん"と言って手を振ってしまった．そんな気持ちがあって良かったなと思った」「裏と表やから自分で自分が分からない」「父に対する気持ちと態度が裏腹だと分かると頭がぽーっとする」

〔33回〕

「父が姉の所に行ってしまうと気が楽．でも，父が他の人と仲良くしているのを直接見たり聞いたりすると腹が立つ」「父がいない所では父に優しくできる．照れがあるのかもしれない」「学校の帰りなんか，帰り道で父とばったり会ったりすると姉や妹は父の腕と組んで歩くけど，私は少し離れて歩いていた」

〈お父さんが他の人と仲良くしていると妬けるのかな？〉

〈お父さんが居ない時にはお父さんの部屋を掃除するのに，いると絶対しない？〉「照れがあるのかもしれない．いないと布団も干したり」

〔34回〕

「最初は先生というより私の調子の悪い所を治してくれるすごく身近な人という感じやった．今は病院の先生という感じ．前は調子が悪かったら先生の事ばっかり考えていたけど，このごろは何かあっても"先生"と思わなくなった．不思議や」

〈先生にもお母さんにも頼らなくてよくなった．自分でやれるようになったら調子も良くなったし，気強く言い返せるようになった〉

〈自分はべたべたしたいけど，お父さんにはべたべたされたくない？〉

「だから父に似ている」

〔38回〕

「母は凄く私を見ていた．私が誰か好きになったら，すぐにぱっと分かる．見透かされていた」

〈それでお母さんには自分の気持ちを隠すことはできなかったんですね〉

「そう．それでいて，何かあった時ちくりと刺す．どこまで知っているのかなと思った」

〈私にも弱い所は見せたくないという感じ？〉「これ以上みせたくない」〈先生が女だったら，どうしてイヤだった？〉「私が気が強いからかな？　対

抗するみたいで」

〔39回〕
「母の事を話すと寂しくなって涙がでる．どうして死んでしまったのという感じで……．何かあったら相談するのに．いないのに頼っているという感じ」
〈お母さんに相談したら，こうしなさい，といってくれてた．ここでも先生がお母さんのように言ってくれたら寂しいのも治ってすっきりするのかな？〉「わたしの満足のいくようにしてくれたのは母だけ」

〔40回〕
「母に引っ掛かっていて何でも母を頼りにして．母がいなくなってから少しずつ調子が悪くなっていったみたい．母は何でも任しておける．安心していられた」自分の性格に関して，「私はめちゃくちゃかな，強い所と弱い所と」
〈ちゃんとしているように見えてもお母さんに相談してやってたから，自分でやったことに自信が持てない？〉「そう」

〔44回〕
「私以上に父が気を使っていると思う」

〔45回〕
「ずっと調子いい．いろんな事があまり気にならない」「少し以前に較べたら，ぽーっとしたところがあるけど，こんなものかなと思う．以前は何か大事なものを無くしたという気がしていた．何か分からないけど．それもあまり気にならなくなった．病気は治ったけど，少しぐうたらになった」

スーパーヴィジョン

(1) 第1〜11回．

　母親にいろいろと父親の不満をきいてもらって気を収めていたように，分析者に父親への不満，イヤさなどを聞いてもらって気が楽になっている．また，母親の墓の前で涙を流すように，分析者の前でも涙がでそうになる．

　このように患者は既に分析者に母転移を向けている．

　父親に対して，一方では「嫌い」と言いながら，他方で「父が可哀想」というように父親に対する陰性，陽性両方の感情がある事を語っているのに拘わらず，分析者は父親に対する陰性感情を主に意識しているのである．そこに分析者の逆転移が関与しているのである．

　つまり，分析者は患者や患者の母親と自分を同一視し，時には患者と同じような気持ちになったり，時には患者の愚痴を聞く母親のような気持ちになったりして，患者の父親に対する陰性感情を主として取り上げ，指摘，解釈しているのである．さらに，指摘，解釈という形で分析者が自身の父親への陰性感情を患者と一緒になって語っている所があったとのことである．

　また，分析者にとって患者の陽性の母転移は快いものであったために，それを分析の対象としていないところがある．

　ここでは，患者が父親に対して陽性の感情も持っているにも拘わらず陰性の感情ばかりを意識している事，そして分析者に向けられた母転移も明確に解釈した方がよかったと思われる．

(2) 第12〜26回．

　ここでも分析者が患者の母転移を充分に解釈しえていないのは，(1)の所と同様に分析者の逆転移のためと考えられる．

　分析者は患者が語っているような患者の「子供みたいな」態度・表情を，なんとなく可愛い，と感じたために，つい母親的あるいは保護者的な態度をとって患者の要求を満たしたり，指示をしてしまっていたりした所があるの

である．また，分析者自身が母親に感じていたのと同じような不安を患者が持っているので，その不安を認知するのに抵抗があったのかもしれない．

さらに，分析者自身が不安を感じる時に母親あるいは保護者的な人物にしてもらいたかったように患者にしてしまったという分析者の投影性逆同一視的な面も働いていたと考えられる．

(3)第27〜30回．

患者はここで，父親に対する自分の真実の気持ちを見ていくことに耐えられなくなり，「もうこれ以上ここに来たくない」と言っている．

ここでは分析者は患者の父親に対する気持ちと分析に対する抵抗を解釈している．そこで患者はそれまでのような子供っぽい態度ではなく自分で分析を続けることを決心している．

(4)第31〜45回．

父親に対するアンビバレントな感情・態度は一通り洞察させる事ができているのであるが，理想化された母転移を向けられて分析者は，自分自身が長年，母親を理想化していたために分析的に対応することが困難であったのである．

しかし，そこの所をスーパーヴィジョンを受けることによって対応可能となり，分析はなんとか進んだのである．

患者は，いかに自分が母親に頼り，理想化しているかを言語化してゆき，認識，洞察していっているのである．

つまり，あらためて患者は自分が死んでしまっている母親に，今もなお，いかに頼っているかに気付いたのである．また，本当は見たくない父親への気持ちを見ていくようにと促す分析者と母親像との違いが見えるようになり，分析者を「病院の先生」として距離をもって見ることができるようになったのであろう．このような事を通じて患者は母親がすでに死んで居ないことを実感することができるようになったのであろう．

また，父親に対する陰性，陽性両方の感情が洞察され，それまでは自分の方ばかりが我慢しているかのように感じていたのが「私以上に父の方が気を使っていると思う」と気付いているのである．

　分析者の逆転移のために母転移解釈が不充分であった所があるが，発症の原因となった父親への陰性，陽性の感情が洞察されて症状が消失し，さらに，「何か大切なもの（多分，母親であろう）」を失い，変化してしまった自分を受け入れることができるようになって治療は終了している．

第13章　症例Eの場合

20歳代　独身女性　無職

主訴：揺れるものすべてが怖い．音が怖い．
病歴：物心ついた頃より上記主訴訟があり，また，幼少期より強迫思考，強迫行為がある．学校が休みになるなど緊張がほぐれると発熱，喘息，尋麻疹などの転換ヒステリー的な身体症状が認められた．また，患者は一人でいることに不安があり，親密な対人関係を希求するが，わずかなことで相手に対する評価が変わり，安定した関係をもつ事が困難であった．
学歴：女子大卒
家族歴：父親は台風を異常に怖がる，患者からみて弱々しくてかばってあげないとという感じになる，可愛いがってはくれるが，困った事があるとすぐに投げ出してしまい頼りにならない．しかし，一方，父親が咳ばらいをすると，自分の事を怒っているのかと怖い．

　母親は患者が14歳頃，手術を受け，その後，数年間うつ状態が続いた．患者の話をまともに聞いてくれない所がある．

　兄は一歳上で小さい頃は何でも兄の言いなりであった．兄が下宿して大学に行ってしまった後しばらくは何をしていいか分からない状態であった．
治療：自由連想法

　分析者（女性）は第10回目と第23回目が終わった所で逆転移のため不安となりスーパーヴィジョンに本症例を出している．

　以下は分析記録の一部抜粋である．

第1回〜第10回

〔第1回〕
「家にいると気疲れする．バイトに行ってしまうとほっとする．気を使わずにすむ人とは別れる時に後ろ髪引かれる思いがする．人を信用すると神か仏のように感じてしまう．クラスの人気者とか言われていたけど，人を笑わせていないと安心できない．」
〈今日は初めてだったので不安だったんですね〉

〔第2回〕
「家にいると自分が何かしないといけないんじゃないかと思ってくつろげない．親が私に気を使わない．私が親に気を使う．親が弱くて当たり散らせない．頼りになる人が居ない．母を"何々さん"と呼んで他所のおばさんみたいに思わないとやりきれない」

〔第3回〕
「父の帰りが遅いと倒れているんではないかと不安になった．タオルケットで安心して寝る．猫を抱くと幸せ．先生とうまい事やらないといけない，嫌われたらいけない，とつい選択して言う．治す方法が分かったせいか今が一番ゆっくりしている．母は安心できない，揚げ足をとられるようで．兄と母は気が合っていた．母に拒絶された」
〈下手な事を言うと，放ったらかしにされるんではないかと思って安心できないんですね〉

〔第4回〕
「食事の時，親がどちらか一方だと不安になりにくいんだけど，両方いると……．中3の時から，いつも部屋を掃除して，いつでも出て行けるという感じでいて，物を買わないでいた．でも，ここで分析を受けるというのは何

年もいるということだから，ベッドもやっと新しいのを買った．何か決められない時に母に"そうだよね？"と念をおしている．母が，自分の好きなようにすれば，と言うと母に拒絶されたように感じる」

「前の先生には突っ掛かっていって先生が大丈夫かどうか確かめていた」
〈ここで先生が分析するんだという安心感がもてない？〉
〈淡々と話しているけど？〉「前はもっと元気に話していた」

〔第5回〕
「家にいる時の方が感情がこもっていない．親に何を言っても大丈夫という気がしない．ここでもっと感情をこめて言おうと思うけどそうはいかない．アルバイト先が一番気がおけない．父と母が大きな声で話していると自分が怒られているじゃないかとびくっとする．親に何を言っても大丈夫という気がしない．自分も信じられないし友達も信じられない」
〈ここに来るのが気が重いのはどうしてですか？〉
「突っ込まれるのがイヤ」

〔第6回〕
「母が居ないとマストが無くなってふらふらして．今まではいなくて清々したと思っていた．今度は不安になったなと思って．怒っている時は強い不安ってない．母が少しでも見えない所に行くと凄く捜し回って，本当にどっかに消えてしまったんじゃないかと思う」
〈頑張らなくっちゃと突っ張っている時は症状が出ないのに，ほっとするとひどくなるんですね．今回も先生に気になっていた事を前回に言えてほっとしたら調子が悪くにったんですね〉

〔第7回〕
「一週間の間，腹が立ってもどこにぶつけていいのか分からないので一人で歯ぎしりしたり，ぶつぶつ言ったりしてた．でも，ここに来たら自然に理

性で押さえてしまうみたい．先生が怒るんじゃないかなと思って．先生が怒ったら怒ったでいいから言ってしまえという気もする．症状が出てくると先生が励ましてくれないと頑張れないような気になってくる」

〈お母さんがいない，お母さんから離れると緊張するの？〉

「どうもそうみたい」

〈今までは逆でしたね．お母さんがいない方が緊張してしっかりしないとと思って調子がよかったんでしょう？〉

「だらしなくなって，母にいてほしいと思っているみたい」

〔第8回〕

「先生は女だから，かしこまってしまう．今はすっとしたなと思った．言ってよかった．今まで遠慮していたんだな．母は私が何を言っても一緒に悩んでくれる事がなくて，それがお前の性分や，とか，父に似ている，とか言われた．兄ばかり可愛いがっている．だからといって父も頼りない．母に病気の事は言いたくない．敵に弱い所はみせたくないという気がする」

〈気持ちをぶつける相手がいる方が話しやすいんですね〉

「前の先生と先生はもっと親しいのかと思っていた．騙された気がする」

〔第9回〕

「怖いものの内をのたうちまわっている感じ．"夢：二人の女の人が包丁を持って追い掛けてくる．一人はそんなに追い掛けなかったけど，も一人の人に追い詰められて……．一人は母で，もう一人は先生だったみたい"心細い，どうしてこんなになってしまったのか．不安で一週間ながかった．自分が情けない．さっき先生を見た時，涙がでそうで……」

「この頃，親とは楽な感じで話せることがある．その代わり外に行く時は，さあ行こう，と思わないと行けない．一人で頼りない．母が家にいるとくっついている．父は私が小さい頃はべたべた猫可愛いがり．母は父が私ばかりを可愛いかけると怖い目で睨みつけた．母に好かれたい気もあって，父に素

直に甘えられなかった」

〈よく聞いてくれて，大丈夫，とお母さんは言ってくれるのかな？〉
〈先生に，大丈夫，と言ってもらったら，そうだ，と思えるの？〉

〔第10回〕
「週一回が待てない．母が憎いとか，怒りが顔面に出て歯ぎしりしていたが，腹が立つより，自分が崩れていくみたい．全然，怒りが無くなって．どうなっていくんだろう．先生にすがっている．今日はこれまでと言われたら，あと一週間どうしようと思う」

〈動くものというが，先生は動かないと確信できるの？〉
「父に涙ながらに話した時はすっとした」

スーパーヴィジョン

第10回目が終わった所で分析者が本症例をスーパーヴィジョンに出した理由は，「症状の悪化が激しく，患者が非常に不安がるし，分析者も患者が何か緊急な状態であるように感じて不安を覚えるから」という事であった．ところが，1回から10回までの記録をみてみると，「症状の悪化」は認められるようだが，「激しい」という程ではないようだし，「患者は不安がっている」ようであるが「非常に」という程でもないようだし，ましてどこが「緊急な状態」なのかよく分からない．

そこで筆者が「緊急な状態」というのはどのような状態を言っているのかたずねると，スーパーヴァイジーは「自由連想の時，患者が一方的に細々とした声で不安気に訴えるのを聞いていると，患者が助けを求めているような感じがして，何か不安を掻き立てられる」とのことであった．

第10回までに患者が語った家族関係，特に母親との関係，ならびに性格傾向，行動様式などが，分析者の家族関係，母親との関係，ならびに性格傾向，行動様式に似たところが多々あるようなので，分析中に患者が退行的になって，あれこれ語ると，分析者の方もそれに影響されていささか退行的と

なり，自分自身の幼児期の体験や感情が揺り動かされ，どこかで"非常な不安""何とかしてもらいたい""助けを求めたい"といった種類の感情が動いたために，そこに逆転移というか"投影性逆同一視"が作動したと考えられる．

　このような逆転移が起こっていなければ，分析者は，そんなに不安がらずに落ち着いて，本来，この分析者が持っている実力が充分に発揮されて，毎回もっと分析的により適切な指摘，確認，解釈ができていたはずであったのである．

　例えば：──

　第3回：ここに記述されている解釈以外に，プラスして：──
〈まだ，小さな子と同じようにタオルケットなどが無いと安心して寝られないんですね〉
〈猫を抱っこすると，どんなふうに幸せなんですか？〉
　などと，言おうと思えば言えているはずである．

　第4回：患者が自由連想の中で"ここで分析を受けるというのは何年もいるということだからベッドもやっと新しいのを買った"と安心感をもった面もある事を語っているのに，安心感が持てないという面だけを取り上げている．

　第8回：〈前の先生と私とでは，どこがどう違うんですか？〉と聞いてみるのも有効であるが，分析者はその余裕が，この頃はなかったようである．

　第9回：この回では，もっとはっきりとした母転移解釈ができていない．
〈よく聞いてくれて，大丈夫，とお母さんは言ってくれるのかな？〉
〈先生に，大丈夫，と言ってもらったら，そうだ，と思えるの？〉
　と並列して確認しているだけである．
　これを一緒にして，
〈お母さんに，よく聞いてもらって，分かってもらって，大丈夫と言って欲しいというように，同じように私に，よく聞いてもらって，分かってもらって，大丈夫と言って欲しいという気持ちになるんですね〉

以上のように確認して言えば明確な母転移解釈となるのである．分析者は，かなりよく頑張っているのであるが，他のケースであれば，もっとちゃんと落ち着いて"よく聞いて""よく分かって"分析を進めていけるのであるが，逆転移が起きてしまったために，そこの所もいささか不充分となっているようである．

第11回〜第23回

〔第11回〕
「不安があっても外見はどうもないので分かってもらえない．こんなに苦しいのに．こうして喋っていても先生本当に聞いてくれているのかどうか．母にでも一緒に考えて欲しいと思うけど，今日は病院の日でしょ，とか言って気に留めてくれない．うつうつとしている時でも母はごまかしてしまう．ここに来ることだけが支えみたい．こうして話していても先生が怒っているんじゃないかと思う．父には言えたけど母には，そんな馬鹿な事，と言われそうな気がして言えない．親にも分かってもらえなくて，ここに来るのだけが頼りで．だけど一週に一時間では……」

〈ここで話している時と，外の受付で話す時と，自由連想中と対面になった時と，それぞれ話す調子が違うでしょう．気持ちも変わるんですか？〉

「ここだと気持ちが分かってもらえる，訴えてしまう．人にはあまり分からせたくない．頑張っている」

〈家で不安でも外見なんでもないように取り繕うの？〉

「家では言えない．ちゃんとしている」「一人で泣いていても，親が呼ぶと普通の顔をして，なんでもなかったように出ていく」

〈親にそこまで取り繕うのは，どういう事なんでしょうね？〉

「あんまり信用していない．諦めてしまっている」「それと，親には知られたくないという気持ちと両方ある」

〔第12回〕

「親に動くものが怖いと言えるようになった．20年ぶり位に親に言った．親にでも症状の事を言ったら凄く楽になった．外見は何ともないけど内容はぐちゃぐちゃ．早く統一されたい」

〈少し不安が少なくなったと言うけど，気持ちの方も収まったの？〉

「少し．2週間はすがるような気持ちだった」

〈私に分かってもらいたいとか知らせたい事は一生懸命話して，結果的に，ここで浮かんでいる気持ちは言わないままになってしまっていますね〉

〔第13回〕

「今も時計の音，クーラーの音が怖いんじゃないかと思いながら続けている．隣から音が聞こえてくると関連づけて考えてしまう．父の咳の音が聞こえると，私が責められている怒られているように思う．こうして話していても，こんな事を話すんじゃないよ，と言われそうで．親に大分こんな事が怖いと言えるようになった．もの心付いて，ずっと思っていた事だけど，どうして言えなかったんだろう」

「母に何回も"治るかな？"と念を押すと"治るわよ！"と言う．突っ返されたように感じる」

〈この一週間にあった事は話せるが，ここで浮かんだままに話せないという特徴がありますね，と言っただけなんだけど，先生に怒られたよう感じたんですか？〉

〈聞いて欲しい事が先行して，ここで浮かんだ気持ちは無視してしまっていたんですね〉

〔第14回〕

「言おうと思うと，音がするとか空気を動かすとか思ってしまう．親に訴えてもいいという気持ちが増えているけど，言うと怒られそうで．母の顔を見ても鉄仮面みたいに見えて，もっと暖かく迎えてほしい．"もっと分かってよ"と母に言うけど，"だから病院に行っているんでしょう"と言われる

と，もっと一緒になって考えてほしい分かってほしいので，金魚の糞みたいにくっついて廻っている」

〈ここでも最初は緊張しているうちは症状の事しか浮かばない．がんじがらめになっているが馴れてくると他の事も浮かんでくるとなっているね〉

〔第15回〕
「しっかりしないといけないと思うと私の方が勝つ．母が調子悪くなるとちゃんとする．先生が咳払いしても，そんな事を言ってもしょうがないでしょ，と言われているみたいで．父が階下で咳をしても私の事を怒っているように思う．自分の事を考えだすと余計に症状の事ばかり考えて．母にもっと共感してほしい」

「先生にはもっとすがってしまっている．辛い事をとにかく聞いて欲しい．何回も何回も言って聞いて欲しい」

〈お母さんにも念を押すんでしたね．お母さんにも何回も聞いて欲しいという気持ちから何回も念を押すの？〉

「この頃，先生と母に同じ事をしていると思う」

〔第16回〕
「勝手に，治らないと思い込んでいた．先生の言うような事が原因なら治るんじゃないかと思うようになった．親にも動く物が怖いんだと言えるようになった．先週，父や母に動くものが怖いと初めて本当の話し合いができたように思う．でも母はそんなこと考えられないと言う．父にも，そんな条件反射なんか考えられないと言われた」

「自分の思い込みだと分かったら母に念を押すことがなくなった．必要もなくなった．不安もましになった」

〈何を話したらいいのかと言うけど，思い浮かぶことを思い浮かぶままに言うというのは分かっているんでしょう？〉

〈一人で話していると心もとないんで先生に念を押したくなるんですね〉

〔第17回〕

「親に知られないように，この症状を治したいという気があって．今までは一人でやっていたけど，気が弱くなって，誰かに言わないと気が済まなくなって．よく今まで耐えられたものだなと思う．緊張していないと不安が……．ほっとしたらもうダメで……」

〈前回は，これでいいのかなとか，ちゃんと自由連想をしているかとか気にしていたけど今日はどうでしたか？〉

〔第18回〕

「父は私が調子が良いといいんたけど，私がこんな病気になるとオロオロして放ってしまう．父に言うと心配ばかりして，何もやってもらえないので，話すのが面倒だなという気がする」

「これでいいんだと思っても，違う気持ちが出て困る．何を言えばいいのかな？ 毎週こうやって言う事があるんだろうかと思う．何か眠ってしまいそうで」

〈浮かんだ事が言いにくいと困るのではなく，言えるような事が浮かんでくるかなと思うと，ここに来るのが気が重くなるんですね．でも，眠くなったら眠くなったと，思い浮かんだことは思い浮かんだままに言えているんでしょう〉

〔第19回〕

「症状が出てこないようにとか，変な事を思わないようにとか，ちゃんと落ち着くまでいろいろ確かめる．治るためにどんな話をしないといけないのかな．もっと別の事を話さないといけないのかなと思う」

〈私にも，ちゃんとできているかどうか，この間から気にしているのは，お父さんに気にしているのと同じ気持ちからかな？〉

「そこまでは分からない．何か一足飛びしたようで……」

〔第20回〕
「念を押さないと気が済まないのは母が何も言わないからじゃないか．自分で決められないんだと思う．症状がひどくて一人取り残される感じ」〈症状がひどくて一人ぼっちで取り残されるような気がするんですか？〉「そう．本当に世界で自分一人のような気になる．どうしようと思うと，先生に治るかと聞きたくなる．救い上げて欲しいような気になる」

〔第21回〕
「起きていると見るものすべてが怖い感じで．今でも眠っているのが一番楽．いつも先生に，こういう感じがうまく伝わるかなとか，とても緊張している．分かってもらえたうえで治してもらえるのかなとか思っている．自分の症状を説明しないとダメ．自分の症状を100％分かってもらいたい．そうでないと治らない」
〈母や友達に言って，大丈夫，とか，治る，とか言ってもらっても，あなたとしては納得がいかなくなったので，もう眠りに入ってしまいたい，眠りの中に逃げ込みたいということですか？〉
「そう，そんな感じ」

〔第22回〕
「自分の気持ちの中を考えていくのが怖くなって．でも，動くものが怖いのを治すためには仕方がないと思って．母に，化粧をしてもいいのかとか，これを持って行ってもいいのかとか聞いている．すると，心の中で"これを持って行くんだ"と言っている．何かしようとすると反対の事がでてくる．食事をしていても一秒一秒死に向かっているんだと思うと，わーっとなる．こうやって分析をしていけば幸せだった4歳の頃に帰れるのかなと思う」
〈症状の事を言えるようになったら言わないでいられなかったんですね〉
「小さい時に言ったことがあるけど，相手にしてもらえず，それっきり黙っ

て一人で抱え込んでいた．それが，ここへ来るようになって，母に言うようになって，症状の事を言って保証してもらいたい，大丈夫と言ってもらいたい気持ちになっていた．何度も念を押して言って，母に大丈夫と言ってもらっていた」

〔第23回〕
「一番落ち着けるのは母とお茶でも飲みながら症状の話を聞いてもらっている時のような気がする．今，話をしていても，凄くいろんな事に気を使ってしまう．朝起きた時はいつも憂鬱になる．症状の事で頭が一杯で，両親に何か言われても，イライラして"分かっているよ！"と言ってしまう」
〈朝起きた時は鬱っとうしい気持ちでいる．鬱っとうしいと怒ったように話すんですね．では，ここで淡々と症状の事を話してる時の気持ちは？〉
「ここに来るまでに押さえられている感じ」
〈お母さんに言っている時は？〉
「やっぱり気持ちは平静．ただ，大丈夫，とか言ってもらいたくて言っている．大体，小さい時から困った事や，不安な事があっても，その時にわーっと言えない．母にいつも，この子はこんな子だ，と言われていた」
〈すると，不安な事を話していても，その時には気持ちは平静になっているんですね〉

スーパーヴィジョン
　第23回目が終わった所で，また，分析者は一応，分析はやれてはいるのだが，充分に患者を受容的，支持的に扱えていないために患者が孤独感を強めていると感じ，まだ逆転移が充分に克服できていないために，患者が"不安が強い""心細がっている"と感じてしまって，どう対処してよいのか？と戸惑い，第2回目のスーパーヴィジョンを申し出ているわけである．
　以下，逆転移のために，どのように適切な対応ができていないかを見てみよう．

第11回：この回は第1回目のスーパーヴィジョンを生かして，大体うまく対応できている．

第12回：症状が少し良くなった事などを確認しているが，自由連想の内容のポイントが取り上げられていない．

例えば，

〈20年ぶり位に親に言ったという事ですが，どういう事ですか？〉

〈今まで言わなかった事を親に言ったら，すごく楽になったんですね．そんなふうに心の中に溜めている事を話すと楽になるものでしょう!?〉

第13回：この回も，先生に怒られた，と感じる所とか，気持ちは喋っていない事など取り上げていて，大体いい線いっているのであるが，分析者はやや，おっかなびっくり的な構えになっているようである．もっとはっきりと次のように言うことができよう．

〈お父さんの咳の音がきこえると自分が責められているような怒られているように感じてしまうと言っていましたが，ここでも私が言った事を，何か私に責められたているとか怒られているとか感じてしまうようですね〉

第14回：この回もそっとした事しか分析者は言えていない．とくに母親の事を直接に取り上げられていない．

例えば，次のように言える．

〈親に言えば怒られそうに思ってしまうと言っていましたが，親に言って怒られた事は？〉

〈お母さんは鉄仮面みたいで暖かく迎えてくれないと言っていましたが，いつでもそうなんですか？　どういうふうなんですか？〉

第15回：母転移的な質問，確認は行われているので，それで一応よいのであるが，13回に続いて父親の咳の事が語られているので，これも，もう一度確認しておいてもよかったと思われる．

〈お父さんの咳の音がとても気になるんですね．お父さんはあまりはっきり言われないので，お父さんの咳とか，その他の態度などが気になるのです

かね？〉

　なお、"母にもっと共感してほしい"と語っているが、分析者も述べているように、充分、受容的、支持的に対応しきれていないので、患者からみると分析者も充分に共感してくれてないように感じられるのかもしれない。

　母親に対する思い、孤独感をもっと直接的に取り上げていないものだから、患者の孤独感、頼りなさ、などを鎮めきれないでいるのであろう。

　第16回："自分の思い込みだと分かったら、母に念を押すことがなくなった。必要もなくなった。不安もましになった"と語っているのに、そこを取り上げていないで、〈一人で話していると心もとないんで先生に念を押したくなるんですね〉とか言っている。この患者の"思い込み"の強さについて分析的に話題にした方がベターだったと考えられる。

　〈治らないと思い込んだのはどうしてでしょうね？〉

　〈思い込みが強いとのことですが、色んな事で思い込んでしまう所がありますか？〉

　第17回：この回もあまりはっきりした対応はできていない。

　次のように言えばよかったであろう。

　〈親に知られないように治したかったと言っていましたが、どうしてですか？〉

　〈緊張して気を強く、としていないと耐えられなかったんですね〉

　第18回：患者にも自分にも気休めのように、あるいは、慰めるように、

　〈でも、眠くなったら眠くなったと浮かんだ事は思い浮かんだままに言えているんでしよう〉と述べている。もちろん、こういった確認も無駄ではない。受容的、支持的な意義はある。

　第19回：この回は父転移解釈をしているが、患者には通じていない。患者も言っているように「一足飛び」であるからであろう。

　第13回、第15回などで父親の事を取り上げておけば、一足飛び、にはならなかったのである。それと分析者の言い方がちょっとまずいのである。例えば、次のように言えばベターであろう。

〈お父さんに対しては，お父さんに言われた事が，ちゃんとできているかどうか気になると言っていましたが，ここでも私に対して治るために，どんな話を，ちゃんとしなければならないのかな，と考えてしまうんですね〉

　第20回：せっかく〈一人ぼっちで取り残されたような気がしますか？〉と聞けて，患者も，「世界で自分一人のような気になる」「救い上げて欲しい」と述べているのに，それを続けて話題にできていない．これもやはり逆転移の影響と考えられる．

　第21回：この回，語っている事は，症状からくる怖さ，不安，緊張感などが充分に分析者に分かってもらえているか，うまく伝わっているか，という事である．しかし，分析者は逆転移に影響されて，患者から受ける，心細さ，頼りなさ，などの方に主として気をとられているので，やはり，患者の言うように，うまく伝わっていない，分かってもらえていないのである．

　ここで患者が，さらに，症状を100％分かってもらえないと治らない，と語っている部分は症状の意味〈症状解釈〉の事を意味していると考えられる．

　少しずつ症状解釈的な要素も加味しながら分析を進めて行くのが良いかもしれない．

　ところで，この症状の意味する所は，これまでのデーターで考えると，やはり"原光景体験"に由来すると仮定することができよう．『起きて見ているのは怖い，寝ている方が楽．』つまり，起きて"原光景"を見ているより眠っている方が楽という事を意味していると考える事ができる．揺れるのが怖い，というのも"原光景"における父親と母親の動きと考える事が可能である．音も，その時の音，声と考える事ができる．その他，自分が動くと辺りの空気や塵が動くのが気になるというのも，動かずにじっと寝ていた，という体験と考える事もできる．だから4歳の頃から20年間，言えない緊張感が続いていたのかもしれない．

　一応，このように原光景体験として解釈してみる事もできよう．もちろん，そうと決めてしまう事はなく，そうかもしれないと思って分析を続けていけばよい．

第22回：〈自分の気持ちの中を考えていくのが何か怖いのですか？〉

〈4歳頃，幸せだったと言ってましたが，どんなふうに幸せだったのですか〉

と聞く方がベターでなかったかと思われる．なお，ここで語られている"死の不安発作"〈Todesangstanfall〉も父親や母親に向いていた攻撃性，殺せ！　といった衝動が自分に反転しているのかもしれない．そして，この父親，母親に対する攻撃性，死の願望も原光景体験に伴うものであると考える事もできる．

第23回：「一番落ち着けるのは母とお茶でも飲みながら症状の話を聞いてもらっている時のような気がする」

「今，話をしていても凄く色んな事に気を使ってしまう」

上記の箇所を取り上げた方がベターである．朝起きた時の憂鬱感などより，やはりいろんな状況での母親との事，父親との事，分析者との事，などといった，より直接的で具体的な人間関係の方が分析の対象である．直接的，具体的に話を聞いて分析して行くのが人間存在分析をうまく進めて行く"コツ"である．

あとがき

　本書を一読された方は"人間存在分析の実際"を一通りおわかり頂けたと思う．また，「まえがき」で書いたようなことも一応読み取って頂けたと思う．

　ところが，人間存在分析は充分にわかったという先生方，さらには，大学院生などから，どうして，このようにうまく分析が進展していくのか，その"舞台回しの仕掛け"とでもいうべきものが今ひとつ充分に記述に顕れきっていない．著者の技法理論，各症例を理解するために著者が有している鑑別診断学（見分け方），精神病理学（症状の成り立ち）などは如何なっているのか？　各論的には，ある箇所で，何故そのテーマを取り上げることを思いつくのか？　分析の方向付けはどのようにして行われているのか？　等々，さらなる解説を付け加えてほしいと言う希望が出ている．

　つまり，サイコセラピーやカウンセリングを専門として学んでいる学部生や大学院生にも，すでにサイコセラピーやカウンセリングを行っている専門の人達にも，さらに参考になるような解説を付け加えることが求められている．本書を初級編とすれば，この後，さらにくわしい理論的解説書を上級編として書かなければならないと考えている．

　ところで，神戸精神分析研究所では以前より「教育分析」ならびに「スーパーヴィジョン」を行っているが，サイコセラピーやカウンセリングなどは，一つの技術であるから，技術を教えたり訓練したりするのは，また，技術を習ったり訓練を受けたりするのは，単なる知識を学ぶのとは次元が違う．

　「スーパーヴィジョン」などは，まるで師弟関係のような学び方が必要なところがある．それ故，私は「教育分析」ならびに「スーパーヴィジョン」を受けた故山村道雄先生を呼ぶときには「先生」というよりは「師匠」と呼

ぶほうがピンとくるのである.

　なお、本書は私が『精神分析の技法』という題名にて1991年に著述した本の「新装改訂版」である。1991年から2001年までの間に、自分がやってきた"精神分析"は精神分析を基盤としながらも手順の難しい古典的標準的精神分析ではなく、非常に実践的でやりやすく"人間存在分析"と称した方が適当なやり方をしていたことにあらためて気づかされた。（気づかせてくれたのは、私を"師匠"とする神戸大学医学部教授・奥村満佐子先生であり、各方面で実践して効果をあげているのは神戸精神分析研究所助教授で臨床心理士・野々村説子先生である）。したがって、『新装改訂版』では題名を『実践的心理療法——人間存在分析の技法——』としたのである。

　『新装改訂版』出版に際しては直接お世話頂いた論創社の野口高峰氏はじめ関係各位の皆様に感謝いたします。

　　2003．9．（平成15年）

　　　　　　　　　　　　　　　　　　　　　神戸精神分析研究所にて
　　　　　　　　　　　　　　　　　　　　　　　中 野 良 平

中野良平（なかの・りょうへい）
1933年，兵庫県生まれ．1964年，神戸医科大学卒業・医学博士，日本精神分析学会・運営委員（6期18年），日本心身医学会・評議委員，神戸大学医学部講師を経て，神戸大学医療技術短期大学部・教授．1992年，神戸大学医療技術短期大学部・名誉教授．現在，神戸精神分析研究所・所長，神戸精神分析学会・会長，心療クリニック中野・院長，明石土山病院・顧問．
専攻：精神分析・精神医学

主要著訳書
『最新精神科治療』（共著：医学書院），『対人恐怖』（共著：有斐閣），『青年期の精神療法』（共著：金剛出版），『精神の科学・第7巻・家族』（共著：岩波書店），『自我の防衛機制』『児童期の正常と異常』（共訳：岩崎学術出版社），『葛藤としての病』『心身症』（共訳：法政大学出版局），『夫婦関係の精神分析』（共訳：法政大学出版局），『精神分析の技法』『精神分析のスーパーヴィジョン』（単著：金剛出版）その他

実践的心理療法
―― 人間存在分析の技法 ――

2003年10月20日初版第1刷印刷
2003年10月30日初版第1刷発行

著者
中野良平

発行人
森下紀夫

発行所
論創社
〒101-0051　東京都千代田区神田神保町2-23 北井ビル
電話03-3264-5254　振替00160-1-155266

装丁：三谷良子
印刷・製本：中央精版印刷

©2003 Ryouhei Nakano Printed in Japan ISBN4-8460-0303-5
乱丁，落丁はお取り替えいたします．定価はカバーに表示してあります．

論 創 社

哲学・思想翻訳語事典◉石塚正英・柴田隆行監修
幕末から現代まで194の翻訳語を取り上げ，原語の意味を確認し，周辺諸科学を渉猟しながら，西欧語，漢語，翻訳語の流れを徹底解明した画期的な事典．研究者・翻訳家必携の1冊！　　　　　　　　　　　　　本体9500円

力としての現代思想◉宇波彰
崇高から不気味なものへ　アルチュセール，ラカン，ネグリ等をむすぶ思考の線上にこれまで着目されなかった諸概念の連関を指摘し，現代社会に抗う〈概念の力〉を抽出する．新世紀のための現代思想入門．　本体2200円

音楽と文学の間◉ヴァレリー・アファナシエフ
ドッペルゲンガーの鏡像　ブラームスの名演奏で知られる異端のピアニストのジャンルを越えたエッセー集．芸術の固有性を排し，音楽と文学を合せ鏡に創造の源泉に迫る．[対談]浅田彰／小沼純一／川村二郎　本体2500円

フランス的人間◉竹田篤司
モンテーニュ・デカルト・パスカル　フランスが生んだ三人の哲学者の時代と生涯を遡る〈エセー〉群．近代の考察からバルト，ミシュレへのオマージュに至る自在な筆致を通して哲学の本流を試行する．　　　本体3000円

病者カフカ◉R．ハッカーミュラー
最期の日々の記録　40歳で生涯を終えた作家フランツ・カフカの8年間におよぶ闘病生活を，医師の診断書やサナトリウムに残されたカルテなど異色の資料から辿りなおし，精神の足跡に迫る．〔平野七濤=訳〕　本体2200円

ブルーについての哲学的考察◉W．ギャス
ピンチョンやバース等と並ぶ現代アメリカを代表するポストモダン作家が，〈青〉という色をめぐる思索を通して，語彙の持つエロティシズムを描き出そうと試みる哲学エッセイ．（須山／大崎訳）　　　　　　　本体2500円

偽少女（にせしょうじょ）◉土井　典
エロティックでユニークな肥満人形や関節人形で知られる土井典の新作品集．したたかな少女人形がいっぱい．テキスト=種村季弘，撮影=荒木経惟，北村泰弘，土田ヒロミほか．カラー・Ｂ5版変型・美装　　本体3800円

サルトル◉フレドリック・ジェイムソン
回帰する唯物論　「テクスト」「政治」「歴史」という分割を破壊しながら疾走し続けるアメリカ随一の批評家が，透徹した「読み」で唯物論者サルトルをよみがえらせる．（三宅芳夫ほか訳）　　　　　　本体3000円